MÜNSTER ZWIEFALTEN

Kirche der ehemaligen Reichsabtei

Text

KARL HEINZ SCHÖMIG

Fotos

KURT GRAMER

VERLAG SCHNELL & STEINER MÜNCHEN · ZÜRICH

Vordere Umschlagseite: *Blick auf das Münster und die Klosteranlage von Zwiefalten von Nordwesten*
Rückwärtige Umschlagseite: *Graf Luithold von der Achalm, einer der beiden Gründer des Klosters Zwiefalten. Schnitzrelief vom nördlichen Chorgestühl, über dem Eingang zum Coemeterium*

Der Grundriß des Münsters

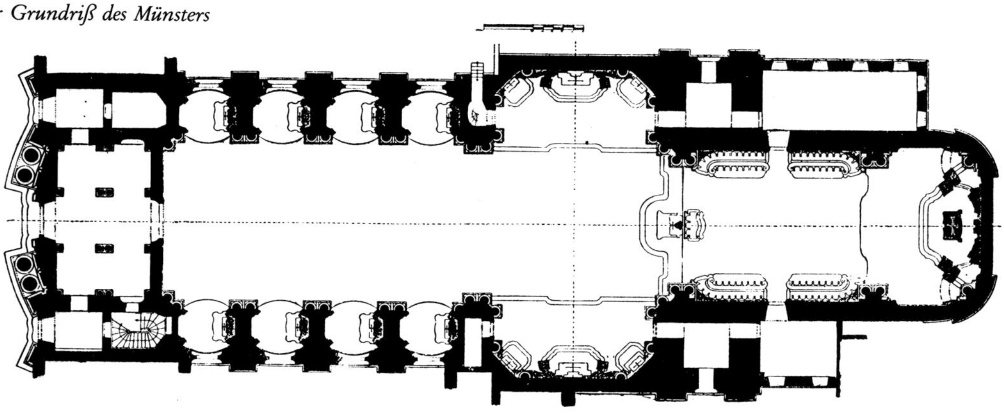

ABBILDUNGSNACHWEIS

S. 3 Luftbild Albrecht Brugger, Stuttgart, freigegeben Nr. 2/52925 C; S. 19 Dekan i. R. A. Gueter, Wolfegg-Alttann; alle anderen Aufnahmen Verlag Schnell & Steiner, München / Kurt Gramer, Bietigheim-Bissingen.

3., ÜBERARBEITETE AUFLAGE 1988 ISBN 3-7954-0841-5

DIESE VERÖFFENTLICHUNG BILDET BAND 95 IN DER REIHE „GROSSE KUNSTFÜHRER" UNSERES VERLAGES. BEGRÜNDET VON DR. HUGO SCHNELL † UND DR. JOHANNES STEINER.
VERLEGERISCHE BETREUUNG JOSEF FINK.

GESAMTHERSTELLUNG: ERHARDI DRUCK GMBH, REGENSBURG

Blick auf das Münster und die Klosteranlage von Zwiefalten (Luftaufnahme)

Lage – Name – Geschichte

Nördlich des württembergischen Donaustädtchens Riedlingen, in einem lieblich-romantischen Tal der Süd-Ausläufer der Schwäbischen Alb, erhebt sich eine der bedeutendsten Monumentalkirchen des deutschen Barocks: Zwiefalten. Ernst und erhaben grüßen ihre beiden 82 m hohen Osttürme mit ihren geschwungenen Hauben ins Land hinaus und locken den Wanderer an den Ort, wo einst das Chorgebet der Söhne des Heiligen Benedikt gen Himmel drang. Benediktinerabtei ist Zwiefalten einst gewesen, und diese Benediktinerabtei hat die großartige Barockkirche hinterlassen, die uns vor Augen steht, ein Gotteshaus, das alle Besucher überwältigt, ganz gleich, mit welch' innerlicher Einstellung sie nun nach Zwiefalten kommen und mit welchen Problemen und Anliegen der Jetztzeit belastet, und ganz gleich, ob nun das farbentrunkene Innere des mächtigen Gotteshauses auf den Besucher wirkt oder die erhabene, kalksteingraue Fassade.

Ort und Kloster Zwiefalten haben ihren Namen von zwei Quellflüssen, die das Zwiefaltener Tal durchqueren und hier zusammenfließen. Beide führen den Namen Aach. Der eine kommt von Wimsen im Norden, der andere vom Dobeltal im Westen. Für Zwiefalten tauchen in alten Urkunden und Chroniken folgende Schreibweisen auf: Zwivaltaha, Zwivaltun, Zwivalta, Zwifulda, Zwivilde, Zwivildense (Zwifuldense, Zwifaltense) monasterium S. Mariae. Das Kompositum Zwifalt-aha ist die Ursprungsform: „Zwifalt", ursprünglich Eigenschaftswort, ist gleichbedeutend mit „zwiefältig"; „Aha" ist Substantiv und heißt Wasser, Bach. Dieses Wort hat seinen Ausgang von derselben Urform wie das lat. aqua (Wasser) und lebt in den heutigen Flußnamen „Ach" und „Aach" weiter. Zwiefalten bedeutet also „zwiefältiges Wasser", und die Klosterbezeichnung in den Chroniken „Monasterium ad duplices aquas" nennt die Abtei folgerichtig das „Kloster an den beiden Wassern". Da es die Benediktiner liebten, ihre Klöster auf Höhen zu errichten, die Zisterzienser aber ihre Niederlassungen in Tälern gründeten, ist die Lage Zwiefaltens eigentlich nicht benediktinisch, sondern zisterziensisch.

Es ist möglich, daß sich im Zwiefaltener Tal einst eine römische Niederlassung befand. Auch einen dem persischen Licht- und Sonnengott Mithras geweihten Tempel soll es hier einmal gegeben haben. Im Jahre 904 ist Zwiefalten im Besitz des Klosters Reichenau. 1077 fiel der Ort den Grafen Kuno und Luithold von der Achalm durch den Tod ihres Bruders, des Bischofs Werner von Straßburg, erblich zu. Ein Dorf mit Pfarrkirche, die der Mutter Gottes, dem hl. Vincentius und dem hl. Laurentius geweiht war, hatte es hier schon seit „ältesten Zeiten" gegeben. Zu Zwiefalten gehörten 16 Weiler (viculi).

Die Benediktinerabtei Zwiefalten nun hat ihren Ursprung im Investiturstreit zwischen Kaiser Heinrich IV. (1056–1106) und Papst Gregor VII.

(1073–1085). Der Streit erstreckte sich bis hinein in die Familien. So war auch das Haus der Grafen von der Achalm zweigeteilt: Werner und sein vierter Bruder Egino standen auf der Seite Heinrichs IV., wofür der Kirchenbann über sie verhängt wurde, während Kuno und Luithold treu zur Sache des Papstes hielten. Nach dem Tode Herzog Rudolfs von Schwaben, der sich von der päpstlichen Partei zum Gegenkönig hatte wählen lassen, zogen sich Kuno und Luithold von der Achalm vom Kampfe zurück, hoch in den Jahren und der Welt müde. Bischof Adalbert von Würzburg, der bei Luithold auf der Burg Achalm zu Gast war, riet den beiden Grafen, wegen ihrer Kinderlosigkeit ein Kloster zu gründen. Dieses sollte zunächst im Dorf Altenburg am Neckar (OA. Tübingen) errichtet werden. Wegen der dortigen Wasserarmut wurde aber die Stiftung ins Zwiefaltener Tal, nach Zwiefalten gelegt. Gründungstag war der 8. September 1089. Am 29. September 1089 wurde die neue Benediktinerniederlassung von der berühmten Reformabtei Hirsau im Schwarzwald aus besiedelt, die sich der von Cluny in Burgund ausgehenden Mönchsreform angeschlossen hatte. Abt Wilhelm von Hirsau selbst kam an genanntem Tage mit 12 Mönchen und 5 Laienbrüdern nach Zwiefalten. Die Leitung der neuen Niederlassung wurde dem Prior Wezilo anvertraut. 1093 wird Zwiefalten selbständige Abtei. Graf Luithold verbringt die letzten sechs Jahre seines Lebens in dem von ihm mitbegründeten Monasterium und stirbt 1098 kinderlos. Eine Zeitlang bestand zu Zwiefalten neben dem Männerkloster auch ein Frauenkloster. Die ersten, aus Holz errichteten Bauten waren 1097 fertig, doch sie brannten schon 1098 (1099) ab. Da entstanden neue, steinerne. Der große Reformabt Wilhelm von Hirsau soll selbst die erste (romanische) Klosterkirche Zwiefaltens entworfen haben. Sie war eine der bedeutendsten Kirchen des „Hirsauer Schemas". Der Baubeginn erfolgte unter dem ersten Abt Nogger (1091–1095). 1097 sind die Fundamente fertig. 1103 werden die Altäre des hl. Benedikt und des hl. Martin geweiht, die nach späterer Nachricht im Chor standen, woraus zu folgern ist, daß zuerst der Chor der Kirche erbaut und vollendet wurde. Am 13. September 1109 weihten die Bischöfe Gebhard III. von Konstanz und Guido von Chur das Bauwerk ein.

Der Schirmvogtei oblag die Sicherheit des Klosters. Sie lag zunächst bei den Stiftern, also den Grafen Kuno und Luithold von der Achalm. Als Graf Kuno 1092 kinderlos stirbt, geht die Schirmvogtei an die Welfen, Herzöge von Bayern, über. Dann, ab 1184, gelangt sie an die Staufer, nach deren Aussterben vorübergehend an das Reich. Ab 1274 liegt sie bei den Grafen von Hohenberg, dann bei den Herren von Emerkingen und in der Folge bei den Herren von Stein. 1303 fällt die Schirmherrschaft an Österreich, 1365 an Württemberg. Das Verhältnis zu den Herzögen Württembergs war nicht immer ungetrübt. Ab 1467 wird Zwiefalten in der Reichsmatrikel geführt. Das Kloster besaß reiche, weitverzweigte Besitzungen, Ländereien und Güter, von denen hier, stellvertretend, nur zwei Propsteien genannt seien: Kohlberg (von Graf Kuno von der Achalm geschenkt, später zerstört, an einer in unserer Zeit vergessenen Stelle des Berges namens Hofbühl bei Neuhausen/Ermstal gelegen) und Güterstein (zu Zwiefalten von ca. 1279 bis 1439 gehörend, am Rande von Urach, wo heute noch in der Nachfolge des klösterlichen Wirtschaftshofs der Gestütshof von 1674–1676 aufragt, es beim wildromantischen Gütersteiner Wasserfall den Platz der verschwundenen ehem. Propstei, nachmaligen Kartäuserklosters, zu sehen gibt und an der Außenwand eines Brunnenhäuschens von 1916 noch ein Gewölbeschlußstein von der alten Klosterkirche kündet).

Ihre erste große Blüte erlebte die Abtei im 12. Jahrhundert. Dortmals war sie mit 70 Patres und 150 Laienbrüdern besetzt. Das Kloster unterhielt Beziehungen bis hinein nach Böhmen und Polen. Es war allzeit von solch innerer Kraft, daß es niemals einer wirklichen Reform bedurfte. Stets war seine Tätigkeit segensreich, Frömmigkeit, Kunst und Wissenschaft wurden vorbildlichst gepflegt. Reformation und Dreißigjähriger Krieg wurden überstanden.

1668 begann der Graubündener Thomaso Comacio neue, frühbarocke Klostergebäude. Vollendet wurden sie von Michael Thumb und Franz Beer, 1688. Dieser Neubau bildet eine Rechteckanlage von rund 80 × 110 m an der Südseite der Kirche. Ein senkrecht zur Kirchenachse verlaufender Zwischenflügel unterteilt den Hofraum in zwei Höfe. Das Kloster ist heute ausgeräumt. Lediglich im Kapitelsaal gibt es noch hochbarocken Stuck, gemalte und reliefierte Decken-Medaillons und ein dezimiertes Gestühl. Der Raum selbst ist einschiffig und besitzt eine Stichkappentonne über wandpfeilerartigen Wandpilastern. Im 18. Jahrhundert wurde Zwiefalten durch die Initiative des Abtes Beda Sommerberger (1715–1725) Ausgangspunkt der Herz-Jesu-Verehrung in ganz Schwaben. Der Bau der heutigen, spätbarocken Klosterkirche erfolgte unter den Äbten Augustin Stegmüller (1725–1744) und Benedikt Mauz (1744–1765). Vom 13. bis 30. April 1750 erkaufte Zwiefalten unter Abt Benedikt von Württemberg – nicht ohne Verluste an Geld, Einfluß und Rechten – die volle Reichsunmittelbarkeit: Das Klo-

Die Gemälde der Beichtstühle der westlichen Langhaus-Schlußwand: Überreichung des Stiftungsbriefes (links) und Einzug der ersten Mönche in Zwiefalten (rechts)

ster wurde also Reichsabtei, die Kirche Reichsgotteshaus. Diese Kirche erhielt am 1. September 1765 unter Abt Nikolaus II. Schmidler (1765–1787) ihre Weihe.

Aber schon nahte das Ende der Abtei. Wie fast alle anderen deutschen Klöster wurde durch den Reichsdeputationshauptschluß auch Zwiefalten im Jahre 1803 säkularisiert – welch furchtbares, ebenso ungerechtes wie unverdientes Schicksal! Eine Abtei, deren Insassen nur Gott gedient und Gutes verbreitet hatten, mußte aufhören, zu existieren. Die Zivilbesitzergreifung erfolgte widerrechtlich schon am 25. 11. 1802. Ab 5. 2. 1803 wurden Kloster und Kirche geräumt. Am 25. 8. 1803 verbot man den Konventualen, die noch in Zwiefalten lebten, „Kapitel und Zusammentritt“ im Chor. Am 8. 9. 1803 wurde die herrliche Kirche geschlossen. 1812 wurde sie zur kath. Pfarrkirche Zwiefaltens bestimmt. Wann sie als solche tatsächlich wieder eröffnet und in Gebrauch genommen werden konnte, ist nicht überliefert. Kath. Pfarrkirche sowie Wallfahrtskirche ist sie noch heute. In den Klostergebäuden richtete man 1812 eine Heil- und Pflegeanstalt ein. Was heute unsere Sinne am meisten anspricht, das ist die großartige Barockkirche, die die Abtei hinterlassen hat. Diese Kirche wurde vom 22. September 1975 bis 21. Oktober 1984 unter Leitung des Staatlichen Hochbauamtes Reutlingen einer gründlichen, beispielgebend geglückten Total-Renovation unterzogen. Es war dies die erste Renovation überhaupt, die Zwiefaltens Barockmünster seit seiner Fertigstellung im Jahre 1765 (also seit rund 220 Jahren) erlebte. Beinahe 8 Millionen Mark hat das Land Baden-Württemberg dafür aufgebracht. Dazu gab die Kath. Kirchengemeinde Zwiefalten ca. 500 000 Mark. Verschiedene andere Kostenträger kamen hinzu. Diese Renovation des Zwiefaltener Münsters ist ein Jahrhundertereignis.

Das Wappen der Grafen von der Achalm zeigt 7 Sterne und 7 Rosen jeweils in einem Blumenbeet. Nach Gründung des Klosters wurden im Hinblick auf die beiden in Zwiefalten zusammenfließenden Quellflüsse 2 ineinandergreifende Kreise in das Wappen eingefügt. Einer dieser Kreise umfaßt die 7 Sterne, der andere die 7 Rosen. Unter dem Wappen erscheint die Inschrift: His nascitur unio lymphis – Auß doppeltem Bach / Von hier nicht weit / Nächst bei Zwyfaletch / Fließt d'Einigkeit.

Vom Wesen und Sinn des Barocks und Rokokos

Die Gotik war am Ende des Mittelalters erschöpft. Ihre Bündelpfeiler, Spitzbogenarkaden, Kreuzrippengewölbe, ihre Spitzbogenfenster mit den edelsteinfunkelnden Glasmalereien, denen die Wände wichen, ihre Strebepfeiler und Strebebögen waren nicht mehr weiter entwickelbar. Eine neue Zeit zog herauf, in Abkehr von jenseitigen Dingen und beeinflußt von humanistischen Lehren: die der Renaissance. Diese – es war in Italien – holte Bauformen der längst entschwundenen Antike wieder ans Tageslicht: die Säule und den Pilaster mit antikem Kapitell und Basis, gerades Gebälk, Giebel, Rundbogenarkaden, Rundbogen- und Rechteckfenster, Tonnengewölbe und Kuppeln. Das alles wird in ein geometrisch ausgewogenes Gleichgewicht gebracht, alle Raumteile erscheinen gleichwertig, möglichst im Zentralbau, dem gleichmäßigsten, klarsten aller Raumschemata. Der Barock übernimmt die Bauformen der Renaissance, aber er übersteigert sie, läßt sie voll Kraft auflodern – durch Verdoppelung, Verdreifachung der Stützen (Säulen, Pilaster), Verbiegung und Verkröpfung der Gebälke, Verdichtung der Lichtmassen. Es können so Räume vom Charakter eines tropischen Gartens entstehen. Kräfte ringen gegen Kräfte – steigende gegen fallende, verkörpert in der Drehsäule –, Giebel werden gesprengt und klaffen auf. Der Hauptraum herrscht, Nebenräume werden oft nur zur Raumschale. Brinckmann beschreibt diese Entwicklung anschaulich: „Von der Mitte des 16. Jahrhunderts ab macht sich in der Behandlung der Räume eine neue Baugesinnung bemerkbar, die statt isolierender Reihung eine achsiale, rhythmische Bindung der einzelnen Räume erstrebt. Hierbei wird ein Hauptraum oder eine Raumgruppe durch ihre Proportionen über sämtliche anderen erhoben, die so sich unterordnend ihre Selbständigkeit verlieren." Michelangelos Kuppel des Petersdoms in Rom erwächst als alle Fesseln sprengende, die Nebenräume mit deren Nebenkuppeln abdrängende bauliche Riesenform. Als erster barocker Kirchenbau gilt Vignolas römische Jesuitenkirche Il Gesù (1568–1584). Hier herrscht im Langhaus der Mittelraum eindeutig vor, die basilikal gestuften Seitenkapellen sind abgedrängt. Verbunden ist das Langhaus mit einem zentralisierten Ostbau, der aus der überkuppelten Vierung, den Querarmen und dem Chor besteht. Also auch hier das Anliegen, das die spätere Barockbaukunst, vor allem die Süddeutschlands und Johann Michael Fischers, so sehr bewegen wird: die Verbindung (später Durchdringung) von Longitudinal- und Zentralbau. Rom ist also die Heimat des Barocks. Schwerflüssig und plastisch modelliert wie Il Gesù bleiben im römischen Barock auch die Nachfolgebauten dieser epochemachenden Kirche: etwa die Chiesa Nuova (1575–1599), S. Andrea della Valle (1591–1625), Sta. Maria della Vittoria (1605–1620), S. Ignazio (1626–1680) oder Sta. Maria in Campitelli (1663–1667). Ihre lastenden Marmorverkleidungen oder stark-plastischen Formen tragen zusammen mit einer oft dämmerig-geheimnisvollen Lichtführung zur Schwere des Raumbilds dieser längsgerichteten Bauten bei. Auch reine Zentralbauten treten in Rom auf – so Berninis S. Andrea al Quirinale (1658–1680), ein Queroval mit Altarnischen – oder Raumdurchdringungen – wie Borrominis S. Carlo alle Quattro Fontane (1638–1646), das spätbarocke Längsoval von Fugas Sta. Maria della Morte (1732–1737) oder die Chiesa della Maddalena (1696–1698), die süddeutschen Rokokokirchen ähnelt.

Mit dem Salzburger Dom (1614–1628) gelangt die kirchliche Barockbaukunst in die deutschsprachigen Länder nördlich der Alpen. Zunächst sind hier Ausländer die Lehrer, Italiener besonders, aber rasch wachsen bedeutende einheimische Meister heran: etwa Johann Bernhard Fischer von Erlach, Lucas von Hildebrandt, Jakob Prandtauer, Caspar Moosbrugger, die Gebrüder Asam, Johann Michael Fischer, Dominikus Zimmermann, Balthasar Neumann, Peter Thumb. Große Bauaufgaben sind die Klosterkirchen, daneben die intimeren Wallfahrtskirchen. Nördlich der Alpen, vor allem in Süddeutschland, geschieht nun die Verklärung des Barocks, seine Vollendung, durch Einbeziehung der Farbe, des Malerischen, durch die Vorherrschaft des Lichts, das in wahren Schwaden, vermischt mit dem Weihrauch des Altardienstes zu Ehren des Herrn, die nunmehr majestätisch weiten, geradezu atmenden Kirchensäle durchströmt. Alle Künste – Architektur, Malerei, Plastik, Schmiede- und Vergoldekunst, das Schreinerhandwerk usw. – werden aufgeboten und tragen gleichmäßig bei, Gott den Herrn zu ehren und zu preisen. Der Barock wird zum Traum, zur Vision. Die kirchliche Barockkunst Süddeutschlands ist bemüht, unter dem Einfluß des Tridentinischen Konzils und der Gegenreformation dem Gläubigen die Pracht des Himmels schon auf Erden sichtbar zu machen. Alles kirchliche Bauen gedeiht auch jetzt zur höheren Ehre Gottes. Daher diese Größe, diese Pracht der Architektur, diese bunte Farbenwelt der Fresken, diese Figuren, die glauben machen, dieser oder jener Heilige habe sich selbst im irdischen Haus des Herrn, der Kirche, niedergelassen. Putten durchschwirren den Raum. Die Illusion wird zum Kunstgriff, Malerei und Stuck zaubern sie hervor, und es ist oft nicht zu entscheiden, ob das Bein dieses Heiligen hier oder der Arm jener Heiligen dort noch gemalt oder schon stuckiert ist. Die Kirchen des süddeutschen Barocks sind Mahnmale, Triumphzeichen der nach dem Dreißigjährigen Krieg sieghaften Katholizität –

stolze Bauten wie Melk, Banz, Triefenstein oder Weingarten beweisen das eindeutig und sichtbar genug. Zwiefalten ist eines der wesentlichsten, schönsten und vollkommensten Werke des süddeutschen Spätbarocks, voll glühender Pracht, ein wahrer Thronsaal Gottes. Betont sei ausdrücklich, daß sich die barocke Bauleidenschaft in Altbayern, Schwaben und Franken bis ins kleinste Dorf, bis in den entlegensten Winkel hinein erstreckte. Eine Durchdringung und Verschmelzung von Längs- und Zentralbau wird immer wieder angestrebt.

Das aus Frankreich kommende Rokoko überzieht mit seinen Rocaillen die Wände und Gewölbe der süddeutschen Spätbarockkirchen – sehr schön zu sehen auch in Zwiefalten. Rokoko ist eigentlich ein Dekorations-, kein Baustil. Ein sakrales Bauwerk Rokokokirche zu nennen ist nur dann möglich, wenn Ornamentformen (die Kurven der Rocaille etwa) auf die Architektur übergreifen und diese somit selbst zum Ornament wird – wie das in Steinhausen oder der Wies der Fall ist.

Die am Bau der Barockkirche beteiligten Hauptmeister

Johann Michael Fischer. Er wird als der altbayerische Hauptmeister im spätbarocken Kirchenbau (Dehio) gepriesen und als der „bayerische Vitruvius“ (P. Sebastian Sailer). Geboren wurde Fischer am 18. Februar 1692 in Burglengenfeld in der Oberpfalz. Seine Eltern waren der in Burglengenfeld wohnhafte Maurermeister Johann Michael Fischer und dessen Ehefrau Elisabeth, geborene Grassenhiller. Beide hatten am 5. Oktober 1688 in Burglengenfeld den Bund fürs Leben geschlossen. Großeltern väterlicherseits waren der aus Nabburg gebürtige Rotgerber Johann Fischer und seine Ehefrau Kunigunde, als Großeltern mütterlicherseits sind zu nennen der in Burglengenfeld wohnhafte Schneider Friedrich Grassenhiller und dessen Ehefrau Katharina. Ausgebildet wurde der junge Johann Michael Fischer wohl in der Oberpfalz, zunächst wahrscheinlich bei seinem Vater. Um 1715 ist er in Böhmen, Mähren und Österreich auf Wanderschaft. Seit 1718/19 wirkt er als Palier des Stadtmaurermeisters Johann Mayr in München. Seit 1723 ist Fischer Bürger und Maurermeister in München. 1725 heiratet er eine Tochter Johann Mayrs, Maria Regina. Für seine bedeutenden Leistungen erhält er die Hofkünstlertitel dreier Wittelsbacher: den eines bayerischen Hofbaumeisters durch Herzog Clemens Franz von Bayern und durch den Freisinger Fürstbischof Kardinal Theodor Johann, den eines kurkölnischen Baumeisters durch den Kölner Kurfürsten und Erzbischof Clemens August. Am 6. Mai 1766 stirbt Fischer in München. Nach einer sich heute an der Wand der ersten südlichen Kapelle der Münchner Frauenkirche befindlichen Grabinschrift hat er 32 Kirchen und 23 Klöster (die noch nicht alle nachgewiesen werden konnten) gebaut. Seiner Ehe entstammten 18 Kinder. Ein Bildnis des Künstlers existiert nicht. (Es ist sehr zu bezweifeln, ob der Kopf des Fischer-Denkmals in Burglengenfeld tatsächlich auch Johann Michael Fischer darstellt.)

In Johann Michael Fischers sakralem Werk gibt es zwei Hauptformen: Die eine ist der longitudinale Wandpfeilerbau, die andere der Zentralbau, bei dem sich gerichteter Längsbau und ruhende Zentralität annähern und durchdringen. Von der ersten Gruppe seien genannt: die Pfarrkirche in Schärding (1726 ff.), die Klosterkirche Osterhofen (1726–1731, mit konvexen Emporen zwischen den Wandpfeilern des Langhauses – ähnlich wie in Zwiefalten, doch schwerer), die Klosterkirche Dießen am Ammersee (1732–1739, mit einem sehr eleganten, emporenlosen Wandpfeiler-Langhaus, einem durch einen Gurt und ein eigenes Deckenfresko gesonderten letzten Langhaus-Joch vor dem Chor, das aber nicht als Querschiff angesprochen werden kann, und mit einem von einer Flachkuppel überfangenen, von Seitenemporen begrenzten Chor), dann die Abteikirche Fürstenzell (1740–1745, mit goldblitzenden konvexen Emporen zwischen den Langhaus-Wandpfeilern). Höhepunkt und Abschluß dieser Reihe ist die Abteikirche von Zwiefalten (1739 bzw. 1741–1754). Hier tritt ein echtes Querschiff auf, und unbeschreiblich grazile konvexe Emporen spannen sich zwischen den Wandpfeilern des Langhauses. Von Fischers zentralisierenden Bauten seien genannt: die Klosterkirche Rinchnach (1727–1729, das Langhaus-Rechteck wird durch Wandpfeiler und Nischen zum Achteck, sogar zum Oval), die Klosterkirche St. Anna am Lehel in München (1727–1733, die drei emporenlosen Wandpfeilerachsen des Langhauses sind zum Längsoval geformt), die Kirche von Aufhausen (1734–1739, mit einem innen als ungleichseitigem Achteck gebildeten Hauptraum und fast quadratischem Chor und Vorraum), die leider zerstörte Augustiner- oder Franziskanerkirche in Ingolstadt (1736–1739, mit einem Achteck als Gemeinderaum und einem quadratischen Chor mit geschlossenen Umgängen), die Hofkirche St. Michael in Berg am Laim vor München (1737–1751, mit vier entlang einer Längsachse gereihten zentralisierenden Teilräumen), die Anastasiakapelle in Benediktbeuern (1750–1758, sie ist längsoval), die Abteikirche von Rott am Inn (1759–1763, mit drei klassisch entlang einer Längsachse gereihten Teilräumen, deren mittlerer, innen achteckiger Raum als Quadrat mit abgeschrägten Ecken aus der Mauerflucht tritt) und die Klosterkirche von Altomünster (1763–1767, wo Fischer mit schwierigen Geländebedingungen und den Kultgewohnheiten des Birgittenordens fertig werden mußte). Zwischen diesen beiden baukünstlerischen Gruppen im Schaffen Fischers steht die Abteikirche von Ottobeuren (1748–1760): Hier tritt zwischen einem dreischiffig-basilikalen Langhaus und einem ebenfalls dreischiffig-basilikalen Chor in der Mitte der Kirche ein gewaltiges einschiffiges Querhaus vor, dessen Arme konchenartig im Halbrund geschlossen sind.

Auch kleine Dorfkirchen errichtete Fischer. Sie haben durchweg zentralisierenden Charakter: Unering (1730–1732), Bergkirchen (1731–1734), Zwiefalten-Gossenzugen (1749), Bichl (1751–1753), Sigmertshausen (1755), Söllhuben (1763–1767), Eschenlohe (1764–1766). – Endlich errichtete Fischer auch Klostergebäude, Häuser und Paläste.

Franz Joseph Spiegler. Dieser hochbedeutende Altarbildmaler und Freskant wurde am 5. April 1691 in der ehemaligen freien Reichsstadt Wangen im Allgäu geboren. Seine Eltern waren Franziskus Spiegl (Spiegler) und dessen Frau Anna Maria Bäbstin. Am 12. November 1726 heiratet Spiegler in Dürmentingen Maria Rosa Wehe, die Tochter des Landammanns von Hohentengen, Anton Wehe und seiner Frau Anna Maria, geborene Kolb. Von 1729 bis 1752 wohnt Spiegler in Riedlingen. Dort werden ihm seine 11 Kinder geboren. 1752 zieht er mit seiner Familie nach Konstanz, wo er am 15. April 1756 verstirbt. Spiegler wird in einer Seitenkapelle der Konstanzer Stiftskirche St. Johann beigesetzt. Stiftskirche und Seitenkapelle sind heute leider verschwunden.

Spiegler war Schüler von Johann Kaspar Sing in München. Er erlernt von Sing die Technik der Ölmalerei. So ist es weiter kein Wunder, daß Spieglers frühestes Deckengemälde – das in Schloß Syrgenstein, 1723 – ein Ölbild ist. Entscheidend für Spieglers Schaffen als Freskant aber war sein Zusammentreffen mit dem berühmten Venezianer Jacopo Amigoni und mit Jacopo Bellandelli in Ottobeuren, wo Spiegler von 1723 bis 1725 tätig war. Von Amigoni übernimmt er die lichte, fast ohne Scheinarchitektur auskommende Freskenkomposition, das helle Kolorit. So steht Spiegler unter venezianischem Einfluß – siehe die Lichtfülle seiner Fresken –, nicht unter dem des römischen Hochbarocks. Hermann Ginter reiht ihn unter die Konstanzer Meister, also unter die Bodenseemaler, ein. Ehe Spiegler nach Zwiefalten kam, malte er eine Vielzahl von Tafel- und Altarbildern – sie sind in Schloß Salem (so die überwältigende Darstellung der Königin von Saba vor Salomo, 1734) zu finden, in Erisdorf, Bronnen, Unlingen, Dürmentingen, Bachhaupten, Engelberg/Schweiz, Wachendorf, Riedlingen, Attenweiler, Schussenried, Weingarten, Feldhausen, Stühlingen, Dettingen (hier eine überragende Schlüsselübergabe an den hl. Petrus, 1742), Reinstetten, Ochsenhausen, Pfullendorf, Muri/Schweiz, Habstal und Kanzach. Auch als Freskant war Spiegler hervorgetreten: in Ottobeuren (Kreuzgang des Hof- oder Gastgebäudes, Theatersaal), St. Peter im Schwarzwald, Mochental, Wolfegg (Schloß- bzw. Pfarrkirche), Lindau am Bodensee (ehemaliges Damenstift), Konstanz (Dreifaltigkeitskirche), Merdingen (sehenswerte malerische Gesamtausstattung!), Untersulmetingen und in Altheim bei Riedlingen. Die Hauptfresken in Zwiefalten aber bilden den *Höhepunkt* in Spieglers Schaffen. Alle Werke Spieglers vor Zwiefalten waren – mit nur wenigen, sich meist auf Details beziehenden Ausnahmen – lediglich Vorbereitungen, eine Entwicklung, die dann in Zwiefalten mit eruptiver Gewalt zu einem feuerlodernden Ausbruch kam und zu einem Gipfel führte, den kaum ein anderer Freskant je erreichte, auch Spiegler selbst

Die Signatur Franz Joseph Spieglers aus dem Fresko der Vierungskuppel des Zwiefaltener Münsters

Blick durch das Langhaus zu Vierung und Hochaltar ▷

nicht mehr. Mit der Größe der ihm in Zwiefalten gestellten Aufgabe war Spiegler gewachsen – manch' anderer wäre ihr erlegen. Hier trug er dazu bei, daß der enge Rahmen der Konstanzer Malerschule gesprengt wurde, hier glich er sich der hohen Meisterschaft der süddeutschen barocken Kirchenmalerei an, ja, mehr als das, hier drang er vor zu *europäischer* Größe. Durch Spieglers Tätigkeit wurde Zwiefalten zu einem der vollendetsten Gesamtkunstwerke des Barocks, die wir haben.

Weitere Werke des Künstlers befinden sich in Zwiefalten-Gossenzugen und Salmendingen. Sein letzter Großauftrag war die gesamte malerische Innendekoration des St. Fridolinsmünsters in Säckingen. – Erwähnt sei, daß Spieglers Fresken ausschließlich für die Fernsicht, niemals für die Nahsicht bestimmt sind.

Johann Michael Feichtmayr. Er stammt aus einer an Talenten besonders reichen Familie der Wessobrunner Stukkatorenschule. Feichtmayr wird am 5. August 1709 oder am 25. September 1710 in Haid bei Wessobrunn getauft. Seine Eltern waren Michael und Maria Feichtmayr. Seine Ausbildung erfolgte in Augsburg. Am 5. April 1722 tritt er als „Lernknecht" in die Werkstatt des Augsburger Maurermeisters Johann Paulus ein. Am 21. April 1725 wird er freigesprochen. Am 31. Dezember 1740 heiratet Feichtmayr Maria Hilaria Wallburga Nagele aus Augsburg, wo er sich für immer niederläßt. Ihm gehörte das Haus B 144 in der Kapuzinergasse. Am 4. Juni 1772 ist Feichtmayr in Augsburg gestorben. Die Hauptwerke dieses meisterlichen und gefragten Stukkateurs befinden sich in: Dießen am Ammersee (1736–1738), Wilhering (1741–1746), Amorbach (1744–1747), Zwiefalten (1747–1758), Schloß Bruchsal (1751–1756), im Käppele zu Würzburg (ca. 1750–1752; Zuschreibung von Dr. Hugo Schnell), in Ottobeuren (ab 1754), Arlesheim (nach 1759) und Vierzehnheiligen (um 1764).

Johann Joseph Christian. Dieser hochbegabte Bildschnitzer sowie Stuck- und Steinplastiker wurde am 12. Februar 1706 in Riedlingen geboren. Seine Eltern waren der Provisor (d.h. Lehrer) Johann Melchior Christian und dessen Ehefrau Anna Maria, geborene Walz. Sie waren aus Offingen am Bussen nach Riedlingen gezogen, als Joh. Melchior Christian am 13. Februar 1705 an die dortige Schule berufen worden war. Wo und von wem Joh. Jos. Christian seine Ausbildung als Bildhauer und Steinmetz erhielt, das läßt sich nicht mit Sicherheit sagen. Vielleicht haben Werke von Georg Anton Machein Einfluß auf ihn ausgeübt. Am 30. September 1728 heiratet Christian Maria Jakobäa Wocher aus Kloster Wald. Er konnte Trompete blasen, die Orgel spielen, er wirkte im Kirchenchor mit und hatte etwas für das heimische Fastnachtsbrauchtum übrig. Ein paarmal bewirbt er sich um das Riedlinger Bürgerrecht. Endlich erlangt er es im Jahre 1736. Es ist anzunehmen, daß Christian ausgedehnte Reisen machte. Am 22. Juni 1777 ist er in Riedlingen gestorben. Christian ist der Schöpfer der bedeutenden Chorgestühle der Klosterkirchen Mehrerau (1743–1745; dieses befindet sich jetzt in der Stadtpfarrkirche von Bregenz), Zwiefalten (1744–1752), Ottobeuren (1755–1767) und Buchau am Federsee (1774–1776). Ob auch der Entwurf für dasjenige von Wiblingen (1777–1781) von ihm stammt, ist nicht sicher. Ferner schuf Christian viele hervorragende Plastiken im schwäbischen Raum. Am 22. Juni 1977 wurde am Gebäude der Kreissparkasse Riedlingen (das einen modernen Umbau von Christians Wohnhaus darstellt) eine Gedenktafel zu Ehren des Künstlers enthüllt.

Die figürlichen Teile der Ausstattung der Zwiefaltener Abteikirche stammen von Joseph Christian, aber auch Johann Michael Feichtmayr war beteiligt. Wie weit dabei die Tätigkeit des einen und des anderen reicht, ist nicht ganz zu klären. Feulner nahm an, die genannte Figuralplastik sei von Feichtmayr entworfen und von ihm selbst sowie von Christian als bescheidenem Mitarbeiter ausgeführt. Erika Petri schrieb die ganze Figuralplastik Zwiefaltens Feichtmayr zu und überließ nur die zwei Holzfiguren des Hochaltars Christian. Ernst Michalski behauptete, Christian sei der Fertiger der Modelle, die Ausführung aber hätten Feichtmayr und Christians Sohn Franz Joseph besorgt, da Christian selbst nie in Stuck gearbeitet habe. Bald billigt man dem Stukkateur Feichtmayr kaum noch einen Anteil an Zwiefaltens Figuralplastik zu. In einem Brief des Meßkircher Oberamts vom 28. Mai 1774, gerichtet an den Fürsten von Fürstenberg, steht z.B. zu lesen, daß Christian „bey [also vor] 20 Jahren zu Ottobeuren und Zeyfalten viele berufne meisterstücke sowohl in figuren als architectur von ybsmarmor [d.h. Stuckmarmor] hergestellt hat". Aufgrund dieser und anderer Quellen teilt man gerne (siehe Norbert Lieb, Rudolf Huber und Gerhard P. Woeckel) dem Plastiker Joseph Christian sämtliche Figuren Zwiefaltens zu. Aber können dieselben nicht trotzdem von Johann Michael Feichtmayr, dem Meister des Ornamental-Stucks, entworfen worden sein? Bei der Renovierung von 1975–1984 gelangte man zu der Erkenntnis, daß in Zwiefalten Stuck und Stuckfiguren am Gewölbe und dort herab zur Ge-

Rückblick mit Kanzel, nördlicher Langhausseite und Westempore

simszone insbesondere von Feichtmayr stammen, an den Altären etc. aber mehr von Christian. – Übrigens stellt sich die Feichtmayr-Christian-Frage gleichermaßen auch für Ottobeuren und findet einen ähnlichen Schluß.

Franz Sigrist malte 1760 die Deckenfresken der Vorhalle von Zwiefalten. Er lebte von 1727 bis 1803. Sigrist stammte aus Breisach und verbrachte sein Leben in Wien. Viele seiner Werke befinden sich in Ungarn und Böhmen. Besonders seien von ihnen hervorgehoben die Arbeiten in der Piaristenkirche zu Samorja (1780) und im Hauptsaal des Lyzeums zu Eger (1781). Sigrist war einer der letzten Barockmaler, dessen Spätwerk dann bereits vom Klassizismus beeinflußt wurde.

Meinrad von Ow (Aw) aus Sigmaringen lebte von 1712 bis 1792. Er schuf in Zwiefalten 1764 das Fresko über der Orgelempore und 1766 die Malereien in den Seitenkapellen und Emporen des Langhauses. Weitere Hauptwerke von ihm findet man in Pfullendorf (1751, Stadtpfarrkirche), Kloster Wald (1753, Klosterkirche), Haigerloch (1754–1755, St. Anna), Sigmaringen (1757–1758, Stadtpfarrkirche), Meßkirch (1773, Stadtpfarrkirche) und in Otterswang (1778–1779, Pfarrkirche). Meinrad von Ow erwies sich künstlerisch als sehr fruchtbar und produktiv.

Weitere am Bau der Barockkirche beschäftigte Künstler und Handwerker: Die mit der örtlichen Bauleitung betrauten Maurermeister waren Josef Schneider (8. Aug. 1689–11. Febr. 1763) und Martin Schneider (11. Jan. 1692–11. März 1760), zwei Brüder aus dem nahegelegenen Dörfchen Baach. Ihnen standen u.a. „bairische Maurer" zur Verfügung. – Zimmermeister waren: bis 1746 Johann Schuler von Upflamör, bis 1753 Martin Arnold, ebenfalls von Upflamör, und bis 1759 Josef Zeiller von Sonderbuch. Josef Zeiller verunglückte am Südturm auf dem Gerüst tödlich. – Mit Steinhauerarbeiten war Joh. Georg Schultheiß von Pfronstetten beschäftigt. – Bildhauerarbeiten in Stein am Chor und an den Querhausfronten tätigte ein Bildhauer Michael, der nachher „zu den Stuccator in die Arbeit getreten". – Mitarbeiter des Leiters der Stuckarbeiten, Johann Michael Feichtmayr (s.o.), waren vielleicht Melchior Paulus aus Ellwangen und J. G. Weckenmann von Haigerloch. – Als Schlossermeister sind zu nennen Joseph Büssel (oder Büffel) aus Rankweil (Chorgitter) und Johann Georg Jüngling von Gossenzugen (Vorhallengitter). – Die Feuervergoldungen geschahen durch den Kupferschmied Knoblauch aus Söflingen. – Die Schreinerarbeiten des Chorgestühls etc. stammen von Martin Hermann aus Villingen (in Zusammenarbeit mit Joseph Christian, s.o.). – Die Chororgel ist ein Werk von Josef Gabler von Ochsenhausen (1700–ca. 1784). – Die Orgel der Westempore schuf Johann Martin von Hayingen 1785; sie wurde im Zweiten Weltkrieg in Stuttgart zerstört. Jetzige Westorgel 1958 von der Firma Reiser, Biberach, nach Plänen von Dr. Supper, Esslingen. – Faßmaler waren von 1747 an Leute aus Dinkelscherben, von 1748 an besonders der Maler J. G. Meßner (Meßmer) von Hohentengen (für Stukkaturen, Gitter und Altäre). – Als Künstler der Altarbilder sind neben Franz Joseph Spiegler (s.o.) zu nennen: Franz Ludwig Hermann aus Kempten (geb. 1723 in Ettal, gest. am 25. Mai 1791); Giosuè Scotti (geb. 1729) und Bartolomeo Scotti (geb. 1727) aus Laino, beides württembergische Hofmaler in Stuttgart; Giov. Batt. Innoz. Columba oder Colomba (geb. 1717 zu Aragno, Kanton Tessin, gest. 1793), Hoftheatermaler und Akademieprofessor in Stuttgart; Nicolaus Guibal (geb. 29. Nov. 1725 in Lunéville, gest. 3. Nov. 1784 in Stuttgart), württembergischer Hofmaler.

Die romanische Abteikirche

Die romanische Klosterkirche von Zwiefalten stand bis 1738. Nach dem in diesem Jahr durch Martin Schneider vor dem Abbruch aufgenommenen Grundriß kann man auf ihr Erscheinungsbild schließen, das ganz dem Hirsauer Bauschema verpflichtet war: Im Westen gab es ein tiefes Paradies, das die Breite des Langhaus-Mittelschiffs besaß. Das Langhaus war eine dreischiffige Basilika von sieben Jochen. Das westlichste Joch nahm eine Querempore ein, das östlichste Joch war durch einen Lettner abgetrennt und dem Chor zugeschlagen. Den Beginn dieses letzten Langhaus-Jochs markierten beiderseits Pfeiler, während die anderen Stützen der Langhaus-Arkaden Säulen waren. Es folgten Querschiff und flachgeschlossener Chor nach dem „quadratischen Schematismus". Die Langhaus-Seitenschiffe setzten sich neben dem zweijochigen Chor als Nebenchöre fort, die sich in zwei Arkaden zum Hauptchor öffneten. Über der Vierung erhob sich der Vierungsturm mit Satteldach.

Die überragende Wandpfeilerarchitektur des Langhauses mit konvexen Emporen, Ausschnitt aus der Südseite

Im Verlauf des 15.–17. Jahrhunderts wurde im Osten an den Chor ein zweigeschossiger Anbau angefügt, der doppelt so lang war wie das Chorquadrat, im Osten gerade schloß und am Ende der Chor-Seitenschiffe von je einem Turm flankiert war. Im 15. Jahrhundert wurden sieben Seitenkapellen an die Nordseite des nördlichen Langhaus-Seitenschiffs angebaut. 1623 wurde das Kircheninnere durch Matthias Kager aus Augsburg neu dekoriert. Im 17. Jahrhundert fügte man auch am südlichen Langhaus-Seitenschiff sieben Seitenkapellen an.

Die barocke Abteikirche

Die Kirche von Zwiefalten ist eines der Hauptwerke der spätbarocken deutschen Baukunst. Von hohem Rang in Architektur und Ausstattung überwältigt sie schon allein durch ihre gigantischen, kathedralhaften Ausmaße und durch ihre Monumentalität. Mit einer Gesamtlänge von nicht weniger als 99 Metern präsentiert sie sich in der Längenausdehnung als Fischers größter Sakralbau.

Baugeschichte. Mit den Absichten für einen Neubau der Kirche trug man sich in Zwiefalten schon seit der großen Säkularfeier des Jahres 1689, zu der rund 25000 Pilger herbeigeströmt waren. Man erkannte, daß das alte Gotteshaus zu klein geworden war. Mit der Errichtung eines neuen, großen und gewaltigen Münsters wollte man nun die Platznot beheben, sich überdies aber auch auf die Erlangung der vollen Reichsunmittelbarkeit vorbereiten. 1738 setzte Abt Augustin Stegmüller beim Kapitel den Abbruch der bis zuletzt noch völlig intakten romanischen Abteikirche durch. Welche enorme barocke Bauleidenschaft muß im Herzen dieses Mannes gewohnt haben, daß er trotz des Widerstands und der widrigen Meinung so mancher Konventualen, die die erwachsenden Kosten scheuten, sein großes Bauvorhaben in die Tat umzusetzen wußte! Abgerissen wird aber zunächst nur der Chor der alten Kirche, denn zum Abbruch auch des Langhauses bedarf es im Jahre 1740 eines neuerlichen Kapitelbeschlusses. 1739 beginnen die beiden Zwiefaltener Klosterbaumeister Josef und Martin Schneider aus dem Dörfchen Baach mit dem Bau der Barockkirche, und zwar zunächst mit den Grundmauern des Nordturms, des Chors, des Südturms und der Vierung. Als 1741 die Brüder Schneider wegen mangelnder Erfahrung sich nicht an die Ausführung der vorgesehenen steinernen Wölbung wagen, wird der bausachverständige benediktinische Schottenmönch P. Bernhard Stuart aus Regensburg zur Begutachtung herbeigerufen, und im selben Jahr noch überträgt man auf Empfehlung der Abtei Ochsenhausen hin den Riesenbau dem großen altbayerischen Barockbaumeister Johann Michael *Fischer* aus München. Fischer erstellt dann in Zwiefalten nach geändertem, eigenem Plan eines seiner bedeutendsten Werke. Die Brüder Schneider behalten die örtliche Bauleitung. 1747 werden die Gewölbe geschlossen, ist der Bau – bis etwa auf die erst von 1749 bis 1754 aufwachsende Fassade – vollendet. Die Ausstattung zieht sich noch bis 1785 hin. Franz Joseph *Spiegler* malte die großen Hauptfresken, Meinrad *von Ow* die Fresken der Seitenkapellen und Emporen, Franz *Sigrist* die der Vorhalle. Der Wessobrunner Meister Johann Michael *Feichtmayr* schuf die Stukkaturen, Joseph *Christian* aus dem nahen Riedlingen die Plastiken. Es ist zu vermuten, daß beim Bau der Barockkirche Fundamente der romanischen Vorgängerin wiederverwendet wurden. Da das Gotteshaus wie auch das Kloster in einer Talsenke stehen, die keinen festen Grund besitzt, mußten die Erbauer des Barockmünsters dieses auf eingerammte Eichenpfähle stellen. Kenntnis von der Baugeschichte des barocken Münsters haben wir durch den erhaltenen Baubericht („Baubeschrieb") des Fraters Otmar (Othmar, Ottmar) Baumann, eines Augenzeugen, der in Zwiefalten die Stellen eines Sakristans, Schneiders und Krankenwärters einnahm. (Frater Baumann wurde am 18. Dezember 1705 geboren und starb am 21. Juli 1773.) Erst verhältnismäßig spät, 1910, wurden Öffentlichkeit und Kunstforschung auf Zwiefaltens Kleinod der Baukunst durch das Buch des damaligen Zwiefaltener Pfarrers Bernardus Schurr „Das alte und neue Münster in Zwiefalten" aufmerksam gemacht.

Architektur. Zwiefaltens einstige Reichsabteikirche bildet den Nordflügel der im Prinzip noch mittelalterlichen Stiftsanlage. Sie ist eine *einschiffige* spätbarocke *Wandpfeilerkirche* mit *einschiffigem Chor* und *Querhaus.* Auftakt des Gotteshauses im Westen ist eine von der Musikempore überfangene quergelagerte *Vorhalle,* welche durch zwei Paare eingestellter Freisäulen in drei Schiffe und zwei Joche gegliedert wird und hallenförmig überwölbt ist.

Stuck-Kartusche mit spielenden Putten beim südlichen Querschiffs-Gurtbogen

Wir haben hier die ausgeprägteste aller Vorhallen Johann Michael Fischers vor uns. Über jedem ihrer drei Schiffe dehnt sich eine Längstonne. In diese Längstonnen schneiden zwei Quertonnen von verminderter Scheitelhöhe ein und rufen Querverbindungen hervor. Profane Gartensäle in Barockschlössern sind mit dieser Vorhalle vergleichbar. Nach einem kunstvollen Schmiedeeisengitter erstreckt sich dann der gewaltige, überragend durchgeformte *Gemeinderaum (das Langhaus)* von 30 m Länge und 27 m Breite. Dieses Langhaus ist in ein fast quadratisches Längsrechteck eingepannt. In der Mitte der Kirche (ohne Vorhalle) breitet sich das 32 m im Durchmesser zählende *Querhaus* mit seiner beinahe quadratischen *Vierung*, und jenseits der Vierung folgt der wie das Langhaus 30 m lange, aber auf 14 m Breite eingezogene *Chorraum*, der in den fast quadratischen Mönchschor und den querrechteckigen Hochaltarraum gegliedert ist. Der Chorschluß ist flach, doch sind seine Ecken abgerundet. Im Gemeinderaum, dem Langhaus, sondern auf jeder Seite drei eingezogene Wandpfeiler je *vier Abseiten* (Seitenkapellen) mit *Emporengeschossen* aus.

Nach der bisherigen Schilderung könnte Zwiefalten gut und gerne dem früh- und hochbarocken „Vorarlberger Münsterschema" angehören. Aber den Kirchen dieses Schemas ist der rechte Winkel zu eigen und damit eine gewisse Starre. Zwiefalten jedoch kennt keine Starre mehr, hier hat der Spätbarock eine rundende, verschleifende und zentralisierende Dynamik ins Spiel gebracht, die auf folgenden Kunstgriffen beruht: 1. in der Abschrägung aller Ecken; besonders augenfällig wird das in den Querschiffarmen und in den Rundungen der Chorschlußwinkel; 2. ganz besonders auch in der Ausformung der Langhaus-Abseiten. Diese zweimal vier Kapellen hat Fischer zu längselliptischen (längsovalen) Raumzylindern werden lassen, denen die in den Mittelraum vorkurvenden konvexen Brüstungen der Emporen folgen. Wie leichte Kronreifen schwingen die Emporengitter dort oben vor. Diese Emporenbrücke beiderseits des Zwiefaltener Langhaus-Mittelraums ist die schönste des deutschen Barocks. Sie wirkt elegant, schwungvoll und leicht. Erreicht wird die Umdeutung der Langhaus-Kapellen Zwiefaltens aus Raumkuben in längselliptische (längsovale) Zylinder durch tatsächliche Rundungen, d. h. durch aus der Mauersubstanz nischenartig ausgesparte Ausrundungen der Wände (Außenwände, Wandpfeiler) und durch je vier kleine, weiße, einfache und in einer Schrägstellung dem Grundriß der Ellipse folgende Pilasterchen, die eher Lisenen gleichen. Dem elliptischen Grundriß passen sich auch die eine Bodenstufe, um die die Kapellen dem Langhaus-Mittelraum gegenüber erhöht sind, und die konvex in den Mittelraum vorkurvenden Begrenzungsgitter der Kapellen an. Durch ihre elliptische Ausformung haben diese Kapellen durchaus zentralisierenden Charakter. Die Emporen darüber sind weniger gerundet, doch finden sich auch dort an den Ecken (zu den Außenwänden) gekurvte, verschleifende Pilaster. Getragen werden die Emporenbrüstungen von vorschwingenden dreidimensionalen Bögen guarinischer Prägung. 3. Endlich zeugt die trommel- und laternenlose, mit keinerlei eigener Belichtung versehene Flachkuppel der Zwiefaltener Vierung vom verschleifenden Stil des Spätbarocks. Wie jede Vierung bringt auch diese ein zentralisierendes Moment, verstärkt noch durch die Mittellage.

Die Grundrißgliederung Zwiefaltens wird im Aufriß durch auf mannshohen Sockeln stehende Wandsäulen markiert. Diese Wandsäulen bieten aus Stuckmarmor geformte, rosa und grau marmorierte polierte Schäfte, sind prallplastisch vor weiße Wände gestellt und so gleich Edelsteinen eines Geschmeides zur Wirkung gebracht. Sie bilden einen wesentlichen Wirkungsfaktor dieser Kirche und eine Triumphstraße zum Hochaltar; sie haben vergoldete Basen und stuckierte korinthisierende Kapitelle, welche ebenfalls vergoldet sind und orange getönte Tiefen besitzen. Diese im wahrsten Sinne des Wortes prachtvollen, majestätischen rosagrauen Wandsäulen umziehen den ganzen Raum, sind sein Leitmotiv; sie stehen an den Eckschrägen der Querarme und am Chorschluß einzeln, sodann paarweise am westlichen Langhaus-Auftakt, vor den zweimal drei Wandpfeilern des Langhauses und endlich im Chor zur Trennung von Mönchschor und Hochaltarraum. An den Vierungsecken stoßen zur besonderen Hervorhebung sogar vier Wandsäulen zusammen. Die vorschwingenden Emporenbrüstungen, wie leicht geblähte Segel zwischen den Säulen erscheinend, geleiten in ihrer Wellenbewegung zu Vierung und Hochaltar; es ist hier kein starrer Gang, sondern ein lebendiges, pulsierendes Fluten und Atmen, das von höchster Meisterschaft spricht. Höchst organisch – und daher genial – wirken Wandsäulen und Emporenbrüstungen zusammen: Das freie konvexe Vorschwingen der Emporenbrüstungen steht im Kontrast zur strengen Statik der Säulen. So sind Brüstungen, Säulen und auch die Abseitenwände unlösbar miteinander verwachsen. Die ganze Wandkomposition ist auf diesem ausgewogenen Kontrapost aufgebaut; wird ein Glied herausgenommen, ist die Harmonie zerstört. Die Abseiten legen sich als lichte periphere Raumschale um das Mittelschiff des Langhauses. In ihnen sammelt sich das Licht, ehe es indirekt in den Mittelraum dringt. Der Mittelraum dominiert und drängt (in echt barocker Weise) die peripheren Räume ab, die aber doch eine ungeheuere Bereicherung des Raumganzen darstellen und eine zweischalige Raumbegrenzung (des Langhauses) bilden.

Das obere Ende der Emporenbrüstungen verläuft in etwa in Höhe des unteren Randes der Säulenkapitelle. Die Emporen selbst sind in niedriger, menschlich erfühlbarer Höhe angebracht. Ihre Brüstungsgitter sind geradezu durchsichtig – diejenigen in Fürstenzell waren das noch nicht. Erwähnt sei, daß die Zwiefaltener Langhaus-Pfeiler im Untergeschoß die Abseiten (Kapellen) völlig trennen, daß sie aber im Obergeschoß von Durchgängen durchbrochen werden. Die Emporen münden in den Querarmen in je einem niedriger gelegenen Emporenbalkon, der sich dem Chore zu spiegelbildlich wiederholt. Der einschiffige Chor selbst ist von ruhigen, geraden Wänden umschlossen, doch sind die Wände des Hochaltarraums leicht gemuldet. In den Ecken von Mönchschor und Hochaltarraum finden sich graublau-beige, auch rosa marmorierte Dreiviertelpila-

Das hinreißende Fresko der großen Langhaus-Tonne, von Franz Joseph Spiegler, 1751

ster mit Basen und Kapitellen von der Art derer der Wandsäulen. Diese Pilaster, die sonst nirgends im Kirchenraum auftreten, wurden von den bisherigen Rezensenten Zwiefaltens nicht beachtet und könnten auf eine Planung deuten, die dann nicht zur Ausführung kam.

Über den Zwiefaltener Stützen liegt ein kräftiges, klassisch-strenges Gebälk. Dieses bildet im Mönchschor eine glatte, durchgehende Schienung (wobei unter den Fenstern der Sims aussetzt), im Gemeinderaum (dem Langhaus) aber scharf geschnittene und profilierte Kuben (Blöcke). So wird deutlich, was Stütze und Last, was Tragendes (Wand, Wandpfeiler) und Getragen-Lastendes (Gewölbe) ist, wo unten von oben geschieden wird. Im Querhaus bildet das Gebälk eine über den Wandsäulen verkröpfte, durchgehende Schienung, die von den Fenstern unterbrochen wird.

Über dem Gebälk rundet sich nach einer Attikazone, die den ganzen Raum umzieht, die steingemauerte *Wölbung*. Der Mittelraum des Langhauses hat ein gewaltiges, stichkappenloses Tonnengewölbe, die Langhaus-Abseiten tragen Quertonnen. Tonnen spannen sich auch unter den Emporen der Abseiten des Langhauses. Der Mönchschor besitzt eine von Gurtbögen eingefaßte, verschliffene Tonne, der Hochaltarraum eine über vier Zwickeln liegende querovale Kuppel. Über den beiden Querarmen erscheinen kalottenartige Mulden. Die Vierung überwölbt eine flache, nicht ganz kreisrunde Pendentifkuppel von 17 m Spannweite und 28 m Höhe. Diese Kuppel ist von großartiger Wirkung und raumbeherrschender Kraft. Typisch für den Spätbarock ist das Fehlen von Gurtbögen an der Langhaus-Tonne, die durch das riesige Gemälde zu einer Einheit zusammengefaßt wird. Jeder Raumteil besitzt also sein eigenes Gewölbe, und jedes dieser Gewölbe ist mit einem einzigen Fresko versehen, was eine Zentralisierung jedes Raumteils von oben her bewirkt. Jeder Raumteil hat demnach seinen eigenen Charakter und seine Eigenständigkeit.

Die Vierung wird über ihren Pfeilern und Gebälken von vier Gurtbögen gefaßt. Je ein Gurt auch zwischen den Überwölbungen von Orgelempore (einer Tonne) und Langhaus-Mittelraum sowie von Mönchschor und Hochaltarraum.

Chor und Querschiffarme sind um je zwei kurvende Stufen erhöht. Eine gekurvte Stufe auch zu Beginn des Hochaltarraums. Drei solcher Stufen führen zum Hochaltar hinan. Im Langhaus findet sich eine zweigeschossige Fensteranordnung; in den Querarmen und im Chor zeigen sich Fenster nur im oberen Bereich.

Das Zwiefaltener Querhaus ist – ausschließlich in Fischers Werk betrachtet – aus dem östlichsten der vier Langhaus-Joche zu Dießen am Ammersee (1732–1739) weiter entwickelt. In Zwiefalten gibt es ein tatsächliches Querschiff mit Vierung. Dessen Arme sind nicht sehr raumhaltig und stellen lediglich einen Breitraum (gegenüber der Längsachse) dar, der aber nicht betont aus dem Gesamtbau tritt. Dazu scheinen Vierung und Querarme auch nicht die Mitte des Zwiefaltener Heiligtums einzunehmen (obwohl sie es tatsächlich tun!); denn – nach Norbert Lieb – ist vom Chor der Hochaltarraum abzuziehen und kommt zum Langhaus optisch die über der Vorhalle gelegene Musikempore im Westen hinzu. Somit erscheint dem Betrachter das Gemeindehaus länger als der Chor, obwohl beide je 30 m messen. Interessant ist es, daß die Breite der Vierung gleich der halben Tiefe von Chor und Gemeinderaum ist und daß die Breite des Langhaus-Mittelraums der Breite der Querhausarmansätze entspricht, die ihrerseits gleich dem halben Querhausdurchmesser ist. – Die Kirche Zwiefaltens ist im wesentlichen ein Längs-, ein Richtungsbau, aber mit zentralisierenden Teilräumen. In allgemeiner Würdigung darf man das Zwiefaltener Gotteshaus den Schlußpunkt in der Entwicklung der Wandpfeilerkirche nennen. Stellt man – mit Max Hauttmann – Zwiefaltens Abteikirche neben rein italienisch-römische Kirchenbauten des Barocks, wie z. B. den Gesù oder Sta. Maria in Campitelli, so zeigt sich sofort der Unterschied: die italienisch-römischen Räume sind statisch und von fester, bestimmter Form, in Zwiefalten dagegen herrscht Dynamik, ein wogendes Konzert von Visionen und traumhaften Bildern.

Das Gesamtkunstwerk. Von hoher Qualität ist die Dekoration und sind die Ausstattungsgegenstände Zwiefaltens in ihrer Gesamtheit, aber auch im Detail. (Das Primat gebührt freilich dabei der Gesamtschau.) Es ist eine Sternstunde, wenn zu einem genialen Baumeister – wie hier zu Johann Michael Fischer – die kongenialen Dekorations- und Ausstattungskünstler sich gesellen. In Zwiefalten hat solch eine Hoch-Zeit stattgefunden. Die Kirche ist in *einem Guß* erstellt. Ein Meister ist hier zum anderen gestoßen, hat den anderen ergänzt und dessen Werk und damit das Gesamtwerk bereichert – und so ist die Zwiefaltener Wunderschau, dieses Glanzstück, ja, Fortissimo der Dekorationskunst des 18. Jahrhunderts entstanden, eingebettet in die kristallinisch klaren Formen des Baumeisters Johann Michael Fischer. Und *alles* an dieser Kirche ist Spätbarock bzw. Rokoko – wir haben eine stilreine Kirche höchsten, reinsten Adels vor uns! Hier spielen

Das Fresko der Vierungskuppel, von Franz Joseph Spiegler, 1749. In den Zwickel-Kartuschen die Allegorien der vier Erdteile

alle Künste in vollkommenem Gleichklang und völliger Gleichrangigkeit zusammen – wie es Voraussetzung und Ziel des Barockstils war –, und wenn sich die Architektur, das Gebaute, stets aus dem wundervollen Dekor, der großartigen Ausstattung machtvoll zu Worte meldet, so ist das einer der großen Pluspunkte dieser Kirche. Alle künstlerischen Gegebenheiten und Möglichkeiten haben sich vereinigt, um Zwiefalten als barockes Gesamtkunstwerk von höchstem Rang erscheinen zu lassen. Die Architektur dieses monumentalen Baus gehört dem Spätbarock an, sein dekoratives Kleid dem Rokoko. Der Raum erstrahlt in Farbe. Diese Farbigkeit aber ist altbayerische Eigenart. Johann Michael Fischer hat sie nach Zwiefalten gebracht. In den prachtvollen Rosa- und Grautönen der Stuckmarmorsäulen findet sie ihren hinreißendsten Ausdruck. Diese Säulen dokumentieren zudem die Reichsunmittelbarkeit, den hohen Rang des Klosters.

Der Stuck. Des Wessobrunners Johann Michael Feichtmayrs *Stukkatoren*-Meisterhand waltete über der Gebälkzone. Dort oben zersprüht die gebaute

Die „Soldaten-Putti" Nebukadnezar und Sedekias vom Sockel des Ezechiel-Aufbaus

Die berühmte Stuckfigur des Propheten Ezechiel am nordwestlichen Vierungspfeiler ▷

Form, scheint sie sich in Stuckornamentik zu lösen, das lodert und wabert und leitet in die Zonen des Überwirklichen. Die züngelnden und flackernden Rocaillen und Rocaillekartuschen (zu denen sich Putten, Engelsgenien, Blütengehänge und Draperien gesellen) stehen im reifsten Rokoko. Da bei der Fassung dieser Rocaillen Smalte dem Kalk beigemischt wurde, scheinen die genannten Stuckgebilde einmal bläulich oder grau, einmal wieder weiß zu sein – es kommt ganz auf den Standort des Betrachters und auf den Lichteinfall an. Auch rosafarbene Rocaillen treten auf (so an den Gurtbögen). Wie die Untersuchungen der jüngsten Renovation ergaben, wurde der Entwurf des Ornamentalstucks dieser Kirche auf Karton aufgetragen, dann seine Umrißform mittels Nadelstichen auf die entsprechende Fläche des Bauwerks übertragen. Wieder andere Stukkaturen Zwiefaltens – auch das ist eine neue Erkenntnis – wurden in den heimischen Werkstätten der Künstler, zur Winterszeit, gegossen – so die herrlichen Kapitelle und die Blumengehänge. Bei der genannten Renovation stellte es sich auch heraus, daß die Putten Zwiefaltens von den barocken Stukkateuren in Teilstücken gegossen worden sind. Arme, Beine, Corpus, Kopf und Flügel wurden dann zu einem Ganzen, dem Putto, zusammengesetzt. Es gibt in Zwiefalten Putten vieler Größengruppen, auch entstammen sie verschiedenen Werkstätten: derjenigen Feichtmayrs und derjenigen Christians. Bei der genannten Renovation mußten mit Hilfe von vielen Abgüssen zahlreiche Ausbesserungen an der Zwiefaltener Puttenwelt vorgenommen werden. Die Zwiefaltener Stuckfiguren sind meist auf Alabaster gefaßt. Und nach Erkenntnis und Urteil handwerklicher Fachleute aus neuerer Zeit ist Zwiefaltens Stuckmarmor qualitativ und

Das von Ezechiel erschaute Totenfeld: die Gestalt der Liebe (rechts) erweckt die Toten. Ausschnitt aus dem Kanzel-Corpus

künstlerisch so hochwertig, daß man in Zukunft seiner Erhaltung größte Aufmerksamkeit widmen muß. Die Rocaillen vermitteln vom realen Bauwerk zu jenseitigen Bildwelten religiöser Visionen. Am Chorbogen erscheint in einer Stuck-Kartusche die Inschrift „Maria regina sanctorum omnium". Eine Augenweide sind die stuckierten Apostelleuchter. Berühmt sodann die vier Stuck-Kartuschen bei den Querhaus-Gurtbögen. Hier ist das Werden dargestellt, es ist ein Ringen wie in einer Fuge Bachs oder Händels, die Rocaillen branden wie Wellen oder lodern wie Feuer, Blumenornamente blühen auf, dann, als Krönung, in jeder Kartusche zwei fröhlich spielende Putti. (Besonders gerühmt das Paar der SO-Kartusche!) Bezeichnet man das Anorganische als Instrumentalmusik, so kann man die Putti als menschliche Stimme auffassen, und so zeigt sich hier ein Stukkatoren-Schaffen von höchster Musikalität – wie der ganze Zwiefaltener Raum für seine letzte Vollendung Musik verlangt!

Die Fresken. Die *Freskenfolge* beginnt mit Meinrad von Ow's *„Salve Regina im Himmel und auf Erden"* über der Orgelempore (1764). Maria schwebt im Himmel, groß tritt aus der Schar der sie verehrenden Heiligen St. Benedikt heraus. Auf Erden aber sitzen, im Hintergrund, wie blasse Schatten, Mönche und Nonnen im Chorgestühl, das einem riesigen, gefächerten Kasten gleicht. – Dann folgt das gewaltige Fresko des Langhaus-Mittelraums, 1751. Franz Joseph Spiegler hat mit diesem einzigartigen Gemälde ein Spitzenwerk, einen *Höhepunkt* barocker Deckenmalerei geschaffen. In der Frühzeit des Barocks standen dem Freskanten infolge der Unterteilung der Gewölbe durch Gurtbögen nur kleine Malflächen zur Verfügung. 1720 unternimmt es in der ehemaligen Klosterkirche Aldersbach C. D. Asam (und zwar in Anlehnung an Tencallas Chorfresko des Passauer Doms, 1679, und an J. M. Rottmayrs Arbeiten in St. Matthias zu Breslau, 1704–1706), mehrere Joche eines größeren Kirchen-Langhauses durch ein einziges großes Deckenfresko zusammenzufassen. Diese Art von Freskierung hat Franz Joseph Spiegler in Zwiefalten zu einem letztmöglichen Gipfel geführt: Er faßt sämtliche vier Joche des gewaltigen Langhaus-Mittelraums durch sein riesiges Fresko zentralisierend zusammen und öffnet die Langhaus-Tonne im

Das von Ezechiel erschaute Totenfeld: die Gestalten des Glaubens (rechts) und der Hoffnung (links) erwecken die Toten. Ausschnitt aus dem Kanzel-Corpus

hin- und mitreißenden „himmlischen Malstrom". Es öffnet sich ein kreisender Wolkenstrudel mit braunem Rand, und dieser Wolkenstrudel ist von längsovaler, schiefrunder Form – damit das Wort „barocco = schiefrund" bekräftigend. In diesem apokalyptisch-unheimlichen Wolkenkranz, dessen Inneres sich als beherrschende gold-, auch fahl- und neapelgelbe Fläche vor das verschwindende Blau des Himmels legt, erscheint, der Musikempore zu, die Heiligste Dreifaltigkeit. (Einzig hinter der Heiliggeisttaube ist ein kleines Stückchen Himmelsblau zu sehen!) Von der Heiligsten Dreifaltigkeit scheint Maria, in rotem Kleid und blauem Umhang, herabzuschweben. Aus ihrem Herzen ergießt sich ein Lichtstrahl auf ein von Engeln getragenes Tuch, das Mariens Bild als Gottesmutter (also mit dem Jesuskinde) zeigt – nämlich das Gnadenbild der Kirche S. Benedetto in Piscinula in Rom. An diesem Bild bricht sich der Lichtstrahl und wird zur Brust des Ordensvaters St. Benedikt geführt. Von St. Benedikt aus löst sich der Lichtstrahl in flackernde Tropfen oder Zungen auf und geht nun als feuriger Regen, wie beim Pfingstwunder, nieder auf die Schar der Heiligen und Ordensgründer. Unterhalb der rechten Hand Gott Vaters (über der gemalten Marienfigur) ist auch heute noch ein Nagelloch für eine anzubindende Schnur zu finden: der Fluchtpunkt des Bildes. Dem Freskanten diente die Schnur für die perspektivische Darstellung vor allem der Architekturmalerei in seinem Fresko. Dem spürte der Restaurator der letzten Jahre nach. Er band bei Nacht eine Schnur an einem Nagel fest, ließ sie an genannter Stelle hinabfallen und beleuchtete sie mit einer Kerze von allen möglichen Seiten. Und siehe da, die Schnur warf linienförmige Schatten, die mit der gemalten Architektur des Freskos zusammenfielen.

Im äußeren Ovalring des Freskos erscheinen die marianischen Wallfahrtsorte Genazzano, Einsiedeln, Altötting, Zwiefalten, Fourvière und Martinsberg in Ungarn. Im Osten, der Vierung zu, ist da die italienische Wallfahrtsstätte *Genazzano* dargestellt. Papst Urban VIII. betete dort im Jahre 1630 vor dem Mariengnadenbild. Spiegler gibt ihn als Kardinal wieder. Von links und rechts nahen Hilfesuchende und Leidende, denen zwei Bischöfe, die sich im Gefolge des Papstes befinden, die Sakramente spenden: links unten die Taufe, rechts die Firmung.

Nach links zu folgt die Besiedlung Zwiefaltens unter Abt Wilhelm von Hirsau. Der Mithras-Stein von Zwiefalten ragt auf, mit Hammer und Seil wird der Götze gestürzt. Zwiefaltens Barockkirche (etwas verändert) ragt herein. An der linken, der Nordseite des Freskos sodann *Fourvière*. In einer überwältigenden Szene ist König Ludwig XI. von Frankreich dabei, sich auf ein Kissen niederzuknien. Der König trägt den herrlich gemalten, zartrosa-weißlichen Lilienmantel der Bourbonen. Zur Rechten opfert die Königin eine Perlenkette. Links hält ein in kräftigem Goldbraun dargestellter Page die Krone. Diese königliche Wallfahrt fand 1466 statt. Die „weißen Prozessionen" aber, die Hungerwallfahrten nach Fourvière, die Spiegler nach links hin zeigt und die er von einem Bischof mit dem Banner Mariens anführen läßt, fanden erst 1504, 1530 und 1556 statt! Aus himmlischen Höhen (aus der Hauptszene des Freskos) bringen ein Engel und ein Putto ein gemaltes Steinbild der Muttergottes nach Fourvière zu Ludwig XI. und dessen Gemahlin hinab. Rechts im Osten, an die Genazzano-Szene anschließend und schon die Südseite des Freskos eröffnend, führt uns Spiegler *Einsiedeln* vor Augen. Das Einsiedler Mariengnadenbild steht dabei auf einem Sockel, den der Heilige Meinrad stützt. Über seiner erhobenen Linken schweben seine zwei Raben. St. Gallus schließt sich nach rechts hin an, sein Bär „erledigt" ein gestürztes Götzenbild. Die Fresko-Südseite ist dem Gnadenort *Altötting* gewidmet. Zunächst sieht man die Übertragung des Altöttinger Mariengnadenbildes unter violettrotem Traghimmel (Baldachin) durch St. Rupertus (etwa 680). Hoch und weit ragt der Traghimmel in den Hauptteil des Freskos. Dann wird die Gründung des Altöttinger Neubaus, 1672, durch die in Weiß erscheinende Kurfürstin Adelheid und durch den prachtvoll in Weiß und Blau gekleideten Kurfürsten Ferdinand Maria von Bayern vor Augen geführt. Der Bauplan wird groß ausgebreitet. Links ein Sack mit der Aufschrift 400000. Er erinnert an die 400000 fl., die dem Kurfürstenpaar als Kosten für den Neubau vorschwebten. Nach Westen zu, auf Mauern, opfert König Stephan der Heilige von Ungarn in Gegenwart des weißgekleideten Abtes Astricus von *Martinsberg* seine Krone und sein Reich Maria, der großen Herrin von Ungarn. Maria ist in dem Martinsberger Gnadenbild wiedergegeben; neben ihm brennen zwei Kerzen, über ihm stehen die Worte geschrieben: „Domina nostra". Eine hohe, bauchige Gestalt mit absonderlichem Hut ragt auf: der ungarische Protestant Georg Rakoczi. Hinter ihm eine allegorische Spottfigur mit Narrenmütze. Den Mittelpunkt der Westseite endlich bilden Putten, die Lorbeerkränze und Palmzweige herab zu betenden Jesuitenmissionaren bringen. In kurvenden Treppen und machtvollen Mauerfronten klingt das fast schwindelerregende Kreisen des Wolkenstrudels aus.

Durch diese Treppen und Mauern und durch den ovalen Wolkenstrudel selbst erfolgt eine Umdeutung des gebauten längsrechteckigen Gemeinderaums in ein zentralisierendes Längsoval. Gelbliche, rötliche, bräunliche Töne dieses Freskos nehmen Surrealistisches vorweg (nach Tintelnot und Lothar Schreyer). Das zweimalige Auftreten Mariens in der Hauptszene – einmal als gemalte Figur, dann auf dem von Engeln getragenen Tuch – ist eine Allegorie auf die Marienverehrung durch die Mittel des Kultbildes. Dieses riesenhafte Fresko ist einer der *wesentlichsten Wirkungsfaktoren* des gewaltigen Zwiefaltener Kirchenraums. Jeder Besucher dieser Kirche ist von dem braunen Wolkenstrudelrand, von dem leuchtenden (auch fahlen) Goldgelb der Fläche des Strudels und von dem dargestellten dramatischen Vorgang gepackt und gefesselt.

Am rechten und am linken Rand des geschilderten Freskos sind je fünf Gewölbezwickel ausgebildet. Vor jeden dieser Zwickel legt sich eine Stuck-Rocaillenkartusche. Dabei ist die jeweils erste und letzte groß und sphärisch verformt und mit Goldnetzmustern auf lilaviolettem Grund gefüllt. Die jeweils mittlere der zweimal fünf Kartuschen ist kleiner als die anderen und zeigt Goldbrokatmotive. Die jeweils zweite und vierte Kartusche (über den ersten und dritten Wandpfeilern des Langhauses) umschließt ein Fresko. Dadurch wird der Längszug des Langhauses gehemmt, auf die Mitte des großen Langhaus-Mittelraums hingewiesen und somit ebenfalls eine gewisse Zentralisierung erreicht. Die Kartuschenfresken der zweiten und vierten Zwickel veranschaulichen nun im Zusammenklang mit verschiedenen Stuckgestalten die Augenlust, die Fleischeslust, die Hoffart des Lebens und die wahre und falsche Kunst. In der Kartusche über dem ersten Wandpfeiler links die Versuchung zur *Augenlust.* Da erscheint unten, stuckiert, die Figur dieser Lust: mit eitler Kleidung, Schmetterlingsflügeln, einem Zwicker, einem Geldbeutel am Arm, auf ihm eine Ratte, welche ihn zernagt, drei Spielkarten in der Linken, an einer Schnur eine Taube. Die Gitarre ist schon gemalt. Die (gemalte) Menschenseele läßt sich aber nicht beirren. Sie spendet Gaben und betet zu Maria. Ein plastischer Putto links oben läutet die Ave-Glocke, ein (gemalter) Putto weist auf ein Buch mit der Aufschrift: Salve Regina und Ave Regina coelorum. Gegenüber die Darstellung der *wahren und falschen Kunst.* In der Kartusche, gemalt, eine edle Frau, die einen ernsten Frauenkopf auf ein

Blick in den südlichen Querschiffsarm: Benedictus-Altar (Mitte), Altar Johannes des Täufers (links) und Martins-Altar (rechts)

dunkelrotes Herz malt. Putten, ebenfalls freskiert, reiben die Farben. Unten eine häßliche, stuckierte Frauenfigur mit einer Maske vor dem Gesicht, die falsche Kunst. Neben ihr ein stuckierter Affe; er schaut zu dem Porträt empor und malt es sinnlich nach. In der Kartusche über dem dritten Wandpfeiler links: die *Versuchung zur Fleischeslust.* Von unten, plastisch, naht der scheußliche Versucher. Er hat Bocksfüße und führt den plastischen Amor an der Kette. Die gemalte, keusche Seele aber ist so rein wie die Lilie und wie die Taube. Sie wird von drei Putten bewacht: Der eine droht dem Versucher mit Geißelschlägen, der andere hält sich die Nase zu, der dritte zeigt den Rücken. Und gegenüber: die Versuchung zur *Hoffart des Lebens.* Eine stuckierte Frauensperson, unten, mit Spiegel, Pfauenfedern, Kopfschmuck usw. hört auf den bösen Einfluß eines ebenfalls stuckierten Puttos, der Zepter, Halskette usw. bei sich hat. Zwei gemalte Putten halten die Versuchung ab von der Demut, die auf Veilchen blickt, welche sie in einem Gefäß in Händen hält.

Spiegler malte auch die *Vierungskuppel* aus. Hier wird *Maria,* Patronin des Zwiefaltener Gotteshauses, von Gott Vater, Christus und dem Heiligen Geist gekrönt, während ihr, als der *Königin aller Heiligen,* eine fast unübersehbare Schar von mehr als 200 Heiligen ihre Huldigung darbringt. Die Heiligste Dreifaltigkeit waltet in der entschwindenden Tiefe des Himmels. Putten breiten eine mächtige Tuchdraperie aus. Die Heiligen sind in weitgezogenen, sich staffelnden Kreisen und klar geordneten Gruppen angeordnet. Zunächst der Heiligsten Dreifaltigkeit und Mariens schweben die Engel und Erzengel, allen voran Gabriel. Es folgen die Angehörigen und Verwandten Mariens (Joachim, Anna, Josef, Zacharias, Johannes der Täufer). Rührend die Unschuldigen Kinder. Unter ihnen dann die Kirchenväter; anschließend Hermann der Lahme und andere Heilige, denen man in Zwiefalten besondere Verehrung entgegenbrachte (Wilhelm von Hirsau, Ernst von Zwiefalten, Ildephons, Konrad von Konstanz, Nikolaus). Anschließend die vielen Ordensstifter und Nonnen. Zur Linken der Kirchenväter die Apostel und Evangelisten. Dann die Märtyrer (mit St. Stephanus) und Märtyrerinnen. Im Westen weitere weibliche Heilige. Und endlich, im letzten Ring, die Vertreter des Alten Testaments. Westlich am unteren Rand dieses Freskos erscheint in großer, weißlich-gelber Schrift die Signatur: „Franc. Jos. Spiegler / invenit et pinxit / 1749". Die Freskomalerei wird auf frischen Putz aufgetragen, Farbe und Putz binden gemeinsam ab. Es wird jeweils nur eine Putzschicht aufgestrichen, die vom Maler an einem Tag bewältigt werden kann. Dr. Ingenhoff, der Leiter der Zwiefaltener Renovation von 1975–1984, konnte es im Vierungskuppelbild der Abteikirche Zwiefalten aufdecken, wie lange Spiegler zur Ausführung des genannten Freskos brauchte. Anhand von Putzkanten, eben den Rissen an jenen Stellen, an denen der für jeweils einen Tag bemessene Putz aufgetragen wurde, stellte Ingenhoff fest, daß Spiegler für die Freskierung der Vierungskuppel die unglaublich kurze Zeit von nur 49 Tagen benötigte. Welch' eine immense, bewundernswerte Arbeitsleistung! Schneckenartig im Halbkreis hat Spiegler von der Mitte aus das Fresko gemalt, die Himmelspartien in großen Stücken, die ausdrucksstarken Heiligenszenen in kleinen. Noch etwas anderem kam man bei der genannten Restauration auf die Spur: Ist das Gewölbe der Vierung der Kirche total eingerüstet, so ist die Kuppel durch den Gerüstboden in völliges Dunkel gehüllt. So nimmt man jetzt an, daß während Spieglers Arbeit an der Vierungskuppel nur immer dort ein Stück Gerüstboden aufgebaut war, wo der Künstler gerade arbeitete – ein durchgehender Boden hätte dem Freskanten Licht und Überblick geraubt. An den vier Zwickeln der Vierungskuppel, in großen Rocaillekartuschen, die allegorischen Gemälde der vier damals bekannten Erdteile: Afrika (über der Kanzel, also im SW; im Kartuschenrand, plastisch, ein Neger-Putto), Asien (SO), Europa (NO; eine herrliche Ölskizze von ca. 1748 findet sich hierzu im Städtischen Museum von Meran) und Amerika (NW).

An die Tonne des *Mönchschors* hat 1748 Spiegler eine Szene aus der Benediktinergeschichte gesetzt: die *Enthauptung des hl. Placidus* und seiner Gefährten auf Sizilien. Maria entsendet die Engel mit den Märtyrerpalmen. Diese Engel erscheinen auf einem meist dunkelbraunen ringförmigen oder längselliptischen Wolkenstrudel, der ähnlich gebildet ist wie der des Langhaus-Hauptfreskos. Andere Engel bemühen sich, die Köpfe und Rümpfe der enthaupteten Mönche wieder zu vereinen, noch andere führen die ins Leben zurückgekehrten zum Chorgestühl des Freskos zurück. Dieses spätbarocke Chorgestühl ist goldbraun und wird von einer gemalten Architektur aus lilarosafarbenen Säulen und blaßolivbeige-grauen Sockeln, Pilastern und Gebälken umschlossen. Seitlich besitzt das Fresko je eine Ausbauchung mit einer gemalten lilaroten Balustrade und einem Ausblick ins wolkige, mit je einem gemalten Putto bevölkerte Himmelsblau. In den Ecken der Wölbung des Mönchschors ausgesonderte Felder. Diese Felder sind äußerst reich durchgestaltet und verdienen höchste Beachtung. Vor dem NO- und dem SW-Feld je ein großer Stuckengel mit gezücktem, umkränztem Schwert (dem

Die vielverehrte Zwiefaltener Gnadenmadonna vom Kreuzaltar, 1430, barockisiert

Symbol des mönchischen Lebens und des mönchischen Gebets), dazu je ein Stuckputto. Hinter diesen Stuckgestalten gemalte Putten im Blau des Himmels. In den beiden anderen Ecken der Wölbung des Mönchschors (NW-, SO-Ecke) je ein ähnliches Feld mit freskierten Engeln, die stuckierte Putten mit Friedenspalmen (SO-Feld) bzw. Lorbeerkranz und Krone (NW-Feld) entsenden.

An der querovalen *Flachkuppel des Hochaltarraums* endlich zeigt Spiegler die Szene, da Maria mit Unterstützung von Engeln dem Heiligen Ildephons die Meßgewänder überreicht, gemalt 1747. (Nach Kreuzer findet im Mönchschor-Fresko das Martyrium von Benediktinern im englischen Kloster Magi statt und überreicht im Fresko des Hochaltarraums Maria die Meßgewänder an den hl. Bonitus, Abt von Montecassino.) – Die von Meinrad von Ow 1766 gefertigten Fresken der Langhaus-Abseiten bringen in den unteren Kapellen Szenen aus dem Leben Mariens, auf den Emporen zeigen sie Maria als Gründerin und Schützerin des Benediktinerordens (siehe Lageplan S. 48).

Kanzel-Ezechiel-Gruppe. Die Schilderung der weiteren Ausstattung Zwiefaltens beginnen wir mit der Kanzel und der zugehörigen gegenüber angebrachten Ezechiel-Gruppe. *Ezechiel,* Prophet der Babylonischen Gefangenschaft, aus Stuck geformt, hat seinen Platz in einem bewegten Baldachinaufbau am nordwestlichen Vierungspfeiler. Er tritt aus einer Nische und ist dargestellt in seiner Vision vom Totenfeld. Zum Orte seiner Vision, der Kanzel, blickt er hinüber und führt das Auge des Betrachters auch durch den ausgestreckten Zeigefinger seiner rechten Hand dorthin. Unnachahmlich der seherische Blick, der krause Bart und die wirren, strähnenartigen Haarlöckchen des weisen, gealterten Propheten! Diese Figur ist die *bedeutendste* der vielen Zwiefaltener Stuck-Gestalten. Arbeiten Berninis gehören zu ihren Vorbildern, und man geht wohl nicht fehl, wenn man auch Michelangelos Moses zu ihren Ahnen zählt. Über Ezechiel, in einem Strahlen- und Wolkenkranz, die Figur Gott Vaters, umgeben von den vier apokalyptischen Wesen Adler, Stier, Löwe, Engel. Zu den Seiten des Propheten je zwei Putten. Ihr Symbolgehalt kann nur aus dem Buch Ezechiel abgeleitet werden. Einer dieser Putten, der auf einer vorspringenden Volute sitzt, legt links des Propheten ein Haarbüschel in die Schale einer Waage. Links hinter ihm steht ein anderer Putto; erschreckt und wie abwehrend oder sich schützend streckt er die Händchen zur Höhe, die Linke hat eine Feuergarbe (oder ist's ein Haarbüschel?) umklammert, und die Blicke des Kerlchens sind scheu zu Gott Vater emporgewandt. Ezechiel bietet den Schlüssel: Da das auserwählte Volk Unrecht tun will, soll es bestraft werden mitten unter den Heiden. Rechts der grandiosen Ezechiel-Figur steht der nächste der Putten mit einem Weihrauchfaß. Ein weiterer Putto, rechts daneben sitzend, hält das Schiffchen mit den Weihrauchkörnern. Beide Putten stellen eine Anspielung dar auf Ezechiels Ausführungen über die Kultgebräuche, speziell auf seine Schilderung des Rauchopfers, durch welches versöhnende Gnade zu erwirken ist. Unter dem Sockel des Baldachinaufbaus (und damit unter Ezechiel) links ein Engel mit Brandfackel und dem Tempelplan Jerusalems, rechts die bekannten „Soldaten-Putti“: König Nebukadnezar von Babylon, mit Helm – auf welchem ein Adler erscheint – und Schwert, kämpft gegen eine Gestalt in Löwenhaut und fast ganz vors Gesicht gezogenem Löwenantlitz – den König Sedekias von Juda, mit Schwert und einem Stadtplan, der derjenige Jerusalems sein könnte (Benennung schwankend). Sinn der Szene: Untergang des Reiches Juda 586 v. Chr.

Die *Kanzel* ist am gegenüberliegenden Vierungspfeiler angebracht. Sie bringt Ezechiels Vision vom Totenfeld. Dargestellt ist zunächst die Sünde und ihre Frucht, der Tod. Die Sünde wird am Kanzelfuß verdeutlicht durch den verbotenen Baum, durch die Schlange (mit dem Apfel im Maul) und durch den Engel mit dem Flammenschwert. Dieser ist eine der berühmten Figuren Zwiefaltens. Den Tod versinnbildlichen die am Kanzel-Corpus hingestreckten, grausigen Totengerippe, halbverwesten Leichname und in Behältern gesammelten Totenköpfe. Christus hat aber Sünde und Tod am Kreuz auf sich genommen: und so erscheint er, ans Kreuz geschlagen, beherrschend auf dem Schalldeckel. Seine Assistenzfiguren sind Moses (links, mit den Gesetzestafeln, rufend: „Dieser war gehorsam bis zum Tode!“) und Johannes der Täufer (rechts, mit ausgestrecktem Arm triumphierend auf den Gekreuzigten weisend und verkündend: „Sehet das Lamm Gottes, das hinwegnimmt die Sünden der Welt!“). Als Bringer des göttlichen Lebens erscheint vor dem Schalldeckel, vor großem Strahlen- und Wolkenkranz, der Heilige Geist in Gestalt einer Taube. Aber auch der Mensch hat etwas zu leisten, um der göttlichen Gnade teilhaftig zu werden: Aufnahme des Wortes Gottes – versinnbildlicht in der Kanzel selbst – und Befolgen der drei göttlichen (theologischen) Tugenden Glaube, Hoffnung und Liebe. Diese drei Tugenden erscheinen, personifiziert als Frauenfiguren, am Rand des Kanzel-Corpus und erwecken die Toten. Die Gestalt des Glaubens (rechts) hat als Attribut Kreuz und Kelch, die der Hoffnung (Mitte) den

Der mächtige Hochaltar. Altartafel von Franz Joseph Spiegler, 1753. In die vier Zwickelkartuschen über diesem Altar sind, analog zu barocken Schloßbauten, Spiegelglasflächen eingefügt. Überm Gurtbogen eine Uhr

Der grazile, tänzerisch-schwebende Putto am Altar Johannes des Täufers – Krönung der Zwiefaltener Puttenwelt

Anker, die der Liebe (links; sehr ergreifend und edel) Krönlein und Zepter. Ganz links noch ein Engel. Man muß hinsehen, wie eines der Skelette das Kreuz des Glaubens umklammert oder wie sich ein anderes gleichsam Hals und Kopf nach der Gestalt der Liebe verrenkt, und man wird fühlen, wie elend und verloren die Menschen ohne die göttliche Gnade und Christi Opfertod wären. Der Anfang des göttlichen Lebens wird uns aber im Wasser der Taufe zuteil: daher die Tropfsteinform der Kanzel – wobei die Tropfsteinbildung auch an die Tropfsteinhöhlen der Umgebung erinnert: ein Beweis dafür, wie innig auch diese große Barockkirche mit der Natur verbunden ist!

Die Querhausaltäre. In jedem der beiden Querhausarme stehen drei Altäre: je ein größerer, mittlerer und je zwei kleinere zu den Seiten. Diese sechs Altäre sind in ihrer Aufstellung radial auf die Mitte bezogen – ein weiteres Moment der Zentrierung. Die beiden größeren haben tektonischen Säulenaufbau – je zwei grün und gelb marmorierte gerade, unten geschraubt-kannelierte Säulen flankieren je ein Ölgemälde –, die offenen, überfangenden Baldachinkronen beziehen in echt spätbarocker Art die Querhausfenster mit ein. Das Bild des großen *Mittelaltars im Nord-Querarm* hat die Steinigung des Heiligen Stephan zum Thema, gemalt von Giosuè Scotti; Flankenfiguren: der Heilige Sebastian (links) und der Heilige Ernst, Abt von Zwiefalten, gest. 1148 (mit Abtstab, Mitra und Wappen, rechts; man sieht die Gedärme, die ihm aus dem Leib gewunden worden sind, ein Putto reicht ihm von oben die Märtyrerpalme). In der Mitte des Auszugs dieses Altars (der Altarbekrönung): die Heilig-Geist-Taube. Um diese gruppiert sieben Putten, aus deren Häuptern Feuerflammen züngeln: sie verkörpern die sieben Gaben des Heiligen Geistes. Die Stärke hat den Helm auf dem Haupt, eine Löwenhaut um die Schultern, einen Baumstamm in der Rechten; sie kniet auf einer zerschlagenen Säule. Die Furcht des Herrn schaut unter einer Decke hervor und hat einen Hasen bei sich. Die Wissenschaft ist durch das aufgeschlagene Buch und die Fackel gekennzeichnet. In der Mitte erscheint die Frömmigkeit mit dem Weihrauchfaß, betend. Die Weisheit trägt das Birett und hat eine Säule zu Füßen. Der Verstand hält die Rechte an die Stirne und faßt mit der Linken ein Fernrohr. Der Rat aber zeigt sich mit Winkeleisen, Zirkel und Senkblei. Über diesem Altar ein Fresko Spieglers, 1748: Aufnahme St. Stephans in den Himmel.

Die Flankenaltäre der Querarme umschließen alle je eine Mittelfigur vor einer Nische, umgeben von Engeln und Putten. Mittelfigur des linken Altars im nördlichen Querarm: der *hl. Wenzeslaus,* der ein Verehrer der Eucharistie gewesen ist; daher links von ihm ein Engel mit Ährengarben und rechts zwei Putten mit Weintrauben. Mittelfigur des rechten Altars dieses Querflügels: *Johann von Nepomuk,* flankiert vom (berühmten) Engel des Beichtgeheimnisses (rechts) und von zwei Putten mit der Keule und den Kerkerschlüsseln (links). – Zentralfigur des linken Flankenaltars im südlichen Querhausarm: *Johannes der Täufer;* rechts vom Täufer hält ein Engel Kette, Schwert und Schüssel, links zeigt sich ein weißer Putto mit der Taufmuschel, dann das vergoldete Lämmchen und endlich, vor einer der großen Wandsäulen, der bekannte tänzerisch-schwebende, farbig gefaßte Putto, der an Popularität den „Honigschlecker" in Birnau fast erreicht. Gerade noch weist der Putto von Zwiefalten mit seiner Linken (!) auf seinen Heiligen; wichtiger ist es ihm, die Kirche mit schwebender Bewegung zu erfüllen und die Menschen zu erfreuen. Mittelfigur des rechten Altars dieses Querflügels: der *hl. Martin;* links von dieser Figur halten zwei Putten die vergoldete Gans des Heiligen, daneben liegt ein Geldbeutel, dem Geldstücke entfallen; rechts sitzt der farbig gefaßte Bettler: Wie diese Bettlerfigur in ihrem Winkel in Schatten getaucht ist, so war sie es bisher auch, im übertragenen Sinne, in der Kunstbeschreibung. Diesem zuletzt genannten Schatten gehört die Figur entrissen, denn sie ist eine der ausdrucksvollsten Gestalten des gesamten Barocks – kaum eine andere bringt solch einen Aufblick von restloser Hingabe an und völligem Aufgehen in den Willen Gottvaters, solch einen Blick der Ergebenheit und der Demut im Leid, des Wissens um die menschlichen Gebrechen wie die uns zu tiefster Ergriffenheit und Ergebung in Gottes Ratschluß anregende Gestalt des so ärmlich-bescheidenen Bettlers von Zwiefalten. In dieser Figur ist Christus selber verkörpert, der in der Nacht nach der Mantelteilung dem heiligen Martin in der Gestalt des Bettlers erschien und sprach: „Martinus, obwohl noch Katechumene, hat mich mit diesem Mantel bekleidet." Auch durch die Farbgebung ist die Bettlerfigur Zwiefaltens herausgehoben: Alle anderen barocken Großfiguren des Zwiefaltener Kirchenraums sind auf Alabasterweiß getönt, nur der den Heiland verkörpernde Bettler ist farbig gefaßt. Ewige Größe umgibt diesen Mann in den zerschlissenen, abgenutzten Kleidern, den dürftigen Sandalen, mit der Mantelhälfte des heiligen Martin im Schoß und mit dem alten, verstaubten Schlapphut in der Linken. Das totale Sich-Ergeben in den göttlichen Willen des Vaters und das tiefste Geheimnis göttlicher Liebe wurden nirgends größer und die Sinne und die Seele ergreifender dargestellt als hier.

Das Gemälde des großen *Mittelaltars im Süd-Querhausflügel* zeigt den Tod des hl. Benedikt inmitten seiner Mönche, geschaffen von Franz Ludwig Hermann. Die Flankenfiguren stellen die hl. Scholastika und die hl. Gertrudis dar. Diese beiden weiblichen Heiligenfiguren sind für Christians Stil besonders charakteristisch: Sie zeigen eine fast manieristische Längung des Körpers (vor allem der Beine), kleine Köpfe, scharfgezogene Gewandfalten, aus weiten Ärmeln gleitende zarte, weiche, nervöse Hände. Scholastika hat die Taube bei sich, Gertrudis ein geöffnetes Herz, in dessen Innerem die kleine Gestalt eines Jesuskindleins geborgen ist. Im Auszug des genannten Altars das Benediktuskreuz und sieben Putten mit dem Kopfschmuck der höchsten kirchlichen und weltlichen Würdenträger: mit der Tiara, der Mitra, der Fürstenkrone (rechts), der Kaiserkrone, dem Kardinalshut, dem Ritterhelm (links) und mit der Königskrone (Mitte). Das Spieglersche Gemälde von 1748 über diesem Altar schildert die Aufnahme St. Benedikts in den Himmel. Bemerkt sei noch: Jeder der vier kleineren Altäre des Querschiffs birgt im Schrein einen Heiligen-Leib – den der hl. Exuperia (Wenzeslaus-Altar), den des hl. Vitalis (Nepomuk-Altar), den des hl. Fortunatus (Altar des Täufers) und den einer unbekannten Gefährtin der hl. Ursula (Martins-Altar). Im Auszug des Wenzeslaus-Altars rechts die Schaubrote, in der Mitte der Kelch mit der Hostie; im Auszug des Nepomuk-Altars eine Zunge im Strahlenkranz, in dem des Altars des Täufers eine brennende, von Strahlen umkreiste Flamme und des Martins-Altars ein gleichseitiges Dreieck, von dem drei Strahlen auf die Figur St. Martins herniedergehen. – Beiderseits des Chor-Zugangs je eine Wandnische für Ewig-Licht-Leuchten.

Über dem Gebälk der *Vierungspfeiler* erscheinen vier vollplastische Stuck-Allegorien der vier Elemente Luft (im SW, über der Kanzel), Wasser (SO), Feuer (NO) und Erde (NW). Diese vier Gruppen sind vergoldet. *Großartig* der Blick, den der Besucher von der Vierung aus zurück nach Westen, in den Gemeinderaum und zur Musikempore wirft: Die Wand-Architektur mit Säulen und Emporen erscheint dabei im klarsten und schönsten Maß ihrer überragenden tektonischen Bildung. In die Vierung wurde während der jüngsten Renovation ein den Erfordernissen der heutigen Liturgie entsprechender *Volksaltarbezirk* eingegliedert. Auch das Gestühl des Langhauses ist neu, doch zeigt es die alten Wangen.

Kreuz- und Gnadenaltar. Wir stehen vor dem Kreuzaltar, der, vor dem Chor errichtet, das Gnaden- und Wallfahrtsbild von Zwiefalten trägt: eine Figur Unserer Lieben Frau, geschaffen 1430, aber (von Christian) barock überarbeitet. Diese Figur war ursprünglich eine Schutzmantelmadonna, aber die Schutzbefohlenen wurden durch Joseph Christian aus dem Mantel der Madonna entfernt. Eingefügt ist der Kreuzaltar in das in wirkungsvollster perspektivischer Anlage von Joseph Büssel gestaltete und von J. G. Meßner gefaßte schmiedeeiserne *Chorgitter.* Es dient einer illusionistischen Verkürzung des Chors, auf daß eine Angleichung des letzteren an die übrigen Raumteile dieser Kirche im Sinne einer Zentralisierung und Vereinheitlichung des Gesamtraums erreicht werde, aber doch auch wieder ein Einblick in traumhafte, kaum betretbare Sphären entstehe, in Sphären (des Chores), die ein Abbild des Himmelsglanzes bedeuten. Wir passieren das Chorgitter und finden uns wieder im prächtigen Chorraum, der wegen des Gitters und des Kreuzaltars einen abgeschlossenen Raum bildet und doch nicht aus dem Gesamtorganismus dieser Kirche zu lösen ist.

Das Chorgestühl. Das großartige Chorgestühl ist eines der bedeutendsten und gerühmtesten des deutschen Barocks. Die Schreinerarbeiten hierzu stammen von Martin Hermann aus Villingen, die Schnitzarbeiten von Joseph Christian. Wie eine volltönende Orgel braust das in Braun- und Goldtönen gehaltene Chorgestühl, die Brandung des Meeres scheint zu toben, flammendes Feuer zu züngeln. Zwiefaltens Chorgestühl ist das bewegteste, sprühendste des deutschen Barocks! Es ist an beiden Wänden des Mönchschors aufgestellt – in zwei Blöcken, die sich genau entsprechen. Die Mitte jedes Blocks nimmt eine Türe ein, neben der jeweils zwei Putten mit den Wappen der Grafen von der Achalm Wache halten. Vor dem mächtigen Dorsale, der Rückwand, eine hintere Sitzreihe und vor derselben eine zweite Sitzreihe mit niedriger Rückenlehne. Die zwei Sitzreihen erfordern einen breiten Sockel. Die beiden Enden der zwei Blöcke des Gestühls kurven, samt Dorsale und Sitzen, in leichtem Bogen nach vorn, wodurch ebenfalls eine Zentrierung entsteht. Das Dorsalen-Gesims des Gestühls zieht sich in einer Wellenlinie über die Gesamtheit der beiden Blöcke hin. In und auf den sprühenden Schnitz-Rocaillen der herrlichen Bekrönungen spielen Putten. Unter dem Gesims 20 vergoldete Reliefs Joseph Christians, getragen von je einem Puttenköpfchen (unter einer Muschel) und getrennt durch schmale Hermen-Pilasterchen, die in entzückenden, kindlich-lieben Putten von einzigartiger Köstlichkeit und beglückender Verspieltheit enden. Jedes der Chorgestühl-Reliefs nimmt die Breite von zwei Sitzen (der hinteren Sitzreihe) ein. Während das Chorgestühl selbst aus verschiedenartig gemasertem und eingelegtem Nußbaumholz besteht, sind die vergoldeten Reliefs aus Lindenholz geschnitzt. Jedes der Reliefs ist in einen Rahmen gesetzt. Die vier Ecken eines solchen Rahmens lösen sich in Rocaillen auf, und das obere Rahmenstück, bekrönt von einer flackernden Rocaille, schwingt mit dem Gesims darüber mit. Im allgemeinen sind die Reliefs 0,75 : 1,10 m groß, nur die der Ecken messen 0,83 : 1,20 m. Die Reliefs beinhalten Szenen aus dem Leben Christi und seiner Mutter Maria. Die rechte, südliche Seite des Gestühls bringt dabei von West nach Ost folgende Darstellungen: 1. Ankündigung Mariens im Paradies (Huldigung der vier Erdteile); 2. Maria als Kind im Tempel; 3. Mariä Verkündigung; 4. die Hirten in Anbetung des Christkinds; 5. Aufopferung Jesu im Tempel; 6. der zwölfjährige Jesusknabe im Tempel; 7. Begegnung Christi mit seiner Mutter auf dem Kreuzweg; 8. Christi Begräbnis; 9. Himmelfahrt Christi; 10. Mariens Sterben. Folgende Reliefs finden sich an

Die ergreifende Figur des Bettlers vom St.-Martins-Altar – eine Verkörperung Christi

der linken, nördlichen Gestühlseite von West nach Ost: 11. Mariens Geburt; 12. Vermählung Mariens; 13. Herbergsuche; 14. die Heiligen Drei Könige beim Jesuskind; 15. Flucht nach Ägypten; 16. Abschied Christi von Maria; 17. Maria unterm Kreuz; 18. Christus der Auferstandene und seine Mutter; 19. Herabkunft des Heiligen Geistes; 20. Aufnahme Mariens in den Himmel.

Christian baut seine Reliefs in verschiedene Zonen auf. Es ist dabei eine Abstufung von ganz erhaben und stark plastisch gebildeten Körpern bis zu nur ganz schwachen Einritzungen festzustellen. Oft sind die vier Eckrocaillen des Rahmens, die obere Mittelrocaille und die untere Muschel Basen für hervortretende Einzelheiten der Reliefs – so für Draperien, für Wolken, für Bäume, für Felsen- und Tropfsteingebilde. Die Baum- und die Felsenbildung der Zwiefaltener Chorgestühl-Reliefs ist für Christian charakteristisch. Sie setzt die Reliefs von Ghibertis Paradiesespforte (1425–1452) am Baptisterium von Florenz und die des Chorgestühls von S. Giorgio Maggiore in Venedig (Alberto de Brule, Ende des 16. Jahrhunderts) voraus. Christians aus gewaltigen Blöcken getürmte Felsen gehen oft in überhängende

Schichten über. Dazwischen erfolgen in seinen Reliefs Zusammenballungen zu einzelnen geschlossenen Szenen, auch sprechen leere Zwischenräume spannungsreich mit. Bezaubernd sind am Zwiefaltener Chorgestühl sodann die lodernden Schnitzvasen mit ihren Blumen und ihren reichgeschnitzten Säulenstützen an den Gestühlsenden, und edel geschwungen die Säulenknäufe der Mittelaufgänge. Über den beiden Mitteltüren, über lateinischen Inschriften und umrahmt von besonders wundervollen Rocaillen, erscheinen die Stifter des Klosters Zwiefalten, die Grafen Kuno und Luithold von der Achalm, in erhabenen Schnitzreliefs. Rechts neben den Inschriften je ein größerer, schwebender Putto. Der eine hält dem gewappneten Grafen Kuno auf einem Kissen die Schenkungsurkunde hin (Südseite), der andere zeigt in Verehrung auf den Grafen Luithold, der als Mönch still in sich selbst hineinzublicken scheint (Nordseite). Auf den prachtvollen Aufsätzen des Wellengesimses vier Büsten: der Schöpfer des Choralgesangs, Papst Gregor der Große mit der Taube, zwischen einem Putto mit dem Papstkreuz und einem Putto mit dem Abtsstab (SO); St. Benedikt, der Gründer des Benediktinerordens, zwischen einem Putto mit zersprungenem Giftbecher und Abtsstab und einem anderen mit der Mitra (SW); ihm gegenüber seine Schwester Scholastika mit einem Putto mit Äbtissinnenstab und Taube und einem Putto mit dem Buch; endlich, im NO, Hermann der Lahme, Benediktinermönch auf der Insel Reichenau, Autor des „Salve Regina", zwischen einem Putto mit der Weltkugel und einem anderen mit Krückstöcken.

Seit 1956 ist auch die *Chororgel* wieder am alten Platz eingesetzt. An ihren beiden Prospekten musizieren Putten. Die Verbindung zwischen den beiden Teilen des Chorgestühls wird durch den dreisitzigen *Abtsstuhl* hergestellt, der mit dem Rücken gegen die Vierung steht und mit besonders reichgeschnitzten, sich freilösenden bzw. einrollenden, hornartigen Rocaille-Voluten geziert ist. Hier am Abtsstuhl das 21. vergoldete Christian'sche Dorsalen-Relief: Der Konvent der Abtei Zwiefalten stellt die neuerbaute Barockkirche unter den Schutz Mariens. Während der schon mehrmals genannten Renovation von 1975–1984 machte man am Zwiefaltener Chorgestühl eine beinahe sensationelle Entdeckung: die einer Meistersignatur! Im Relief Christi Begräbnis hängt in der Tropfsteinhöhle, die Christi leeren Sarkophag enthält, eine kleine Ampel. Diese Ampel zeigt an ihrem Rande die Buchstaben J J C. Sie bedeuten Johann Joseph Christian!

Das 71 Mönche fassende Chorgestühl von Zwiefalten bietet eines der größten Erlebnisse des deutschen Barocks. Es muß eine Freude und ein hohes Glück gewesen sein, hier, in dieser machtvollen Umgebung und völlig abgeschieden, als Benediktinermönch das Chorgebet beten zu dürfen!

Der Hochaltar. Vollendeter Raumabschluß ist der mächtige *Hochaltar.* Diesem riesigen Kirchen-Inneren konnte nur ein Hochaltar von solch gewaltiger Größe gerecht werden. Sechs rosa und graugelb marmorierte Säulen ragen auf. In diesen Hochaltarsäulen kulminieren die Wandsäulen des mächtigen Zwiefaltener Kirchenraums. Die Altarsäulen stehen auf einem zweiteiligen Sockel-Unterbau, mit dem zusammen sie einen in die Breite gezogenen, querelliptischen Nischenraum umschließen, dessen vordere Seite durch die freistehende Mensa mit dem Tabernakel gebildet wird. Das Säulengebälk folgt den Stellungen der Säulen. Der gedoppelte Sockel bildet ein erstes Geschoß dieses Hochaltars, die Säulen mit ihrem Gebälk ein zweites. Rechts, direkt am Hochaltarbild und in dieses hineinblickend, eine greisenhafte, doch sehr bewegte Figur, die die Schreibfeder in der Rechten hält und mit der Linken auf ein aufgeschlagenes Buch hinweist. Das Buch bringt die Stelle Matthäus I, 20–21: „Noli timere accipere Mariam conjugem tuam; quod enim in ea natum est, de spiritu sancto est. Pariet autem filium et vocabis nomen eius Jesum". Das bedeutet: „Scheue dich nicht, Maria, deine Frau, zu dir zu nehmen, denn was in ihr gezeugt ist, ist vom Heiligen Geist. Sie wird einen Sohn gebären, und du sollst ihm den Namen Jesus geben". Aufgrund dieser Bibelworte ist es kaum anzuzweifeln, daß es sich bei der genannten Hochaltarfigur um den Evangelisten Matthäus handelt. Bislang in der Literatur übliche Benennungen dieser Gestalt, wie Isaias, Hieronymus oder Joseph, lassen sich somit kaum noch aufrechterhalten. Matthäus, dessen Gewand wie im wilden Winde hochflattert, sieht auf dem 1753 von Spiegler gemalten Bild unten die unerlöste Menschheit, darüber Maria in der göttlichen Gnade. Links am Bild, aber auf einer höheren Ebene als Matthäus, auf Wolkenballen, die Gestalt des Erzengels der Verkündigung. Das Hochaltarbild selbst ist 8,80 m hoch und 4 m breit, besitzt also riesige Ausmaße. Linke Flankenfigur des Hochaltars ist, über einem Durchgang stehend, die Ecclesia, die Verkörperung des Neuen Testaments. Sie hält einen Stab in der Rechten, das feuerlodernde Herz in der Linken. Ein Putto mit den Himmelsschlüsseln und dem Kelch sowie einer mit Rosenkranz und aufgeschlagenem Buch, in dem „Ave Maria / Gratia Plena" zu lesen steht, sind ihr beigegeben. Als rechte Flankenfigur erscheint am Hochaltar die Gestalt der Synagoge,

Ausschnitt aus dem nördlichen Chorgestühl mit dem Chororgelaufbau, von Joseph Christian (Reliefs) und Martin Hermann (Schreinerarbeiten)

also des Alten Testaments, als Gegenstück zur Vertreterin des Neuen Bundes. Zu Füßen der Figur der Synagoge der vergoldete siebenarmige Leuchter und ein Putto (links), sodann ein Putto mit den Gesetzestafeln und dem hocherhobenen Blütenzweig (rechts). Vor der Gestalt der Synagoge ein Spruchband (Aufschrift: Ecce virgo concipiet), das ihr ein an einer der Altarsäulen erscheinender Putto entgegenhält. Während alle anderen barocken Großfiguren des Zwiefaltener Kirchenraums aus Stuck bestehen, sind die Gestalten der Ecclesia und der Synagoge aus Holz geschnitzt und laut Baubericht von Frater Otmar Baumann beglaubigte Werke Joseph Christians. Ihre Benennungen in der bisherigen Literatur als Papst Benedikt XIV., Weihevater der Kirche Zwiefaltens, und als Hoherpriester Joakim kann man als zu eng gefaßt bezeichnen. Besonders reizvoll sind die vergoldeten holzgeschnitzten Putti am Tabernakel. Sie haben in einzelne Strähnen zerteilte Haare, liebliche kleine Flügelchen und scharf geknickte Bänder. Zwischen den sechs oberen Putti die von der Schlange umwundene Erdkugel als Trägerin von Lamm und Kreuz. Über seitlichen, zu der Querellipse führenden Zugängen herrliche Vasen. Hinter der Mensa, unter dem Hochaltarbild, eine Tabernakeltür mit dem vergoldeten Relief des Gekreuzigten inmitten vergoldeter Rocaillen. Sehr zu beachten ist dabei der herausgepreßte Brustkorb Christi. Oben zeigt der Hochaltar das erwähnte kurvende Gebälk und, als dritte Zone, einen Baldachin-Auszug mit dem Marien-Monogramm. Das Gebälk schwingt über dem Altargemälde hoch und gibt wegen diesem sogar Architrav und Fries auf, während der Sims in der Mitte nach vorne gezogen ist und frei durch den Raum eine Kurve bildet. Über dem Gebälk ist fast jegliche Tektonik aufgehoben. Es gibt dort phantastische Voluten, Brücken und Rocaillen. Wolken treten hinzu, und wundervolle Putti und Engel vollführen ihren Reigen. Andere Putti raffen einen roten, goldgesäumten und -durchwirkten, asymmetrisch angeordneten Vorhang aus Stuck, der beinahe bis hinab zu den Säulenbasen hängt, den Hochaltar hinterfängt und einer Zone des Übergangs vom Diesseits zum Jenseits angehört. Dieser Hochaltar ist einer der großartigsten und bedeutendsten des deutschen Rokokos. Nicht verschwiegen sei, daß *er* es war, der seit Errichtung der barocken Abteikirche von Bau und Einrichtungsgegenständen derselben die größten Schäden aufwies – wie die Renovation von 1975–1984 aufdeckte. Infolge schlechter oder fehlender Fundamentierung hatte sich die linke Hochaltar-Hälfte ca. 10 cm abgesenkt. Dadurch waren starke Risse in der Stuckarchitektur dieses Altars entstanden. Eine Spezialfirma konnte mit einer Pfahlgründung bis in 7 m Tiefe und betonierten Umfassungen der Sockelteile unterhalb des Fußbodens den genannten Setzungen Einhalt gebieten. Zu seiten des Hochaltars stehen die beiden *Grabdenkmäler* für die Grafen Kuno und Luithold von der Achalm (Nordseite) und für Abt Ulrich V. Rothhäusler (Südseite), 1694.

Chorseitenräume. Links (nördlich) des Chores liegt das Coemeterium, rechts (südlich) die Sakristei. Das *Coemeterium* wurde unter Abt Nikolaus II. Schmidler (1765–1787) erbaut und war als Gruftraum gedacht. Es ist frühklassizistisch mit Sterbeszenen aus der Legende des Heiligen Benedikt ausgemalt. Die *Sakristei* ist nur klein; sie zeigt Rokokostuck an der Wölbung und an der Westwand ein Ölgemälde: Abendmahlsszene mit Johannes an der Brust Christi, in kurvendem Stuckrahmen mit Muscheln und Zweigen.

Kapellenaltäre. Beginnen wir mit der Beschreibung dieser parallel zum Hochaltar stehenden Kapellenaltäre beim ersten, westlichsten Altar links (Kapellen-Nordreihe) und schreiten wir dann nach Osten, anschließend an der Langhaus-Südseite von Osten zurück nach Westen. 1. Kapellenaltar links: Gemälde: hl. Mauritius und Martyrium der Thebaischen Legion, von Giosuè Scotti; Flankenfiguren: Gestalt des Glaubens (l.) und hl. Mauritius (r.). 2. Kapellenaltar links: Gemälde: 14 Nothelfer, von Bartolomeo Scotti; Figuren: ein Pestkranker in demütiger Haltung (l.) und ein scharlatanartiger Arzt mit hoher Spitzmütze (r.). 3. Kapellenaltar links: Gemälde: hl. Joseph, von Giov. Batt. Innoz. Columba; Figuren: hungernder Ägypter (l.), Pharao (r.). 4. Kapellenaltar links: Gemälde: hl. Aurelius, von Nicolaus Guibal; Figuren: Allegorie des Glaubens (l.), Irrlehrer Arius (r.). – 4. (östlichster) Kapellenaltar rechts (bei der Kanzel): Gemälde: hl. Agnes, von N. Guibal; Figuren: eine Frauengestalt mit Herz als Sinnbild der Gottesliebe (l.), ein Engel (r.). Hier, links neben der Gestalt mit dem Herz, als Allegorie irdischer Liebe, der bekannte Putto mit verbundenen Augen, der Flügel beraubt, nach Alabasterart gefaßt und sich als pfeilbewehrter Erote entpuppend. 3. Kapellenaltar rechts: Gemälde: hl. Anna, von Columba; Figuren: König David mit großer, vergoldeter Harfe (l.) und ein Engel (r.). 2. Kapellenaltar rechts: Gemälde: Martyrium des hl. Petrus, Kopie nach Rubens von Guibal; Figuren: die Kirche (Ecclesia, l.) und der Zauberer Simon (r.; nach ihm ist die „Simonie“, die Erschleichung kirchlicher Ämter, benannt). 1. Kapellenaltar rechts: Gemälde:

Christi Begräbnis, Schnitzrelief von Joseph Christian, Südseite des Chorgestühls mit Wellengesims und Putten

Martyrium der hl. Ursula und ihrer Gefährtinnen, von Bart. Scotti; Figuren: Christus als Bräutigam (l.), Jungfrau mit brennender Lampe (r.). An allen acht Kapellenaltären spielen liebliche, in Weiß gefaßte Putti und Engel in den Bekrönungen; dazu kommen Blumengirlanden.

Beichtstühle. Ein Hauch von Exotik wird durch die beiden an der westlichen Schlußwand des Langhauses aufgestellten Beichtstühle in den Raum getragen. Diese Beichtstühle bedeuten eine Rückkehr zur Natur und erinnern an künstliche, scheinbar zerfallende Ruinen gleichzeitiger Parks. Beide werden von Palmstämmen umrauscht. Ein Relief am südlichen Beichtstuhl zeigt geknickte und zerbrochene Säulen (die zerstörende Wirkung der Sünde); am nördlichen Beichtstuhl ein Relief mit grünendem Palmengarten (das durch Buße erweckte neue Leben). Über den Beichtstühlen zwei Gemälde, die nach neuesten Erkenntnissen von Franz Ludwig Hermann stammen und von der Überreichung des Achalm'schen Stiftungsbriefes sowie vom Einzug der ersten Mönche ins Zwiefaltener Tal erzählen. Entwicklungsgemäß noch nicht so weit fortgeschritten sind die Beichtstühle an den Rückwänden einiger Seitenkapellen des Langhauses. Hier herrscht noch das reine Spiel der Rocaillen, von denen sich verschiedene zum bekrönenden Bild emporschwingen. Diese Gemälde stammen, wie man während der Kirchenrenovation von 1975–1984 feststellte, von Franz Ludwig Hermann (Nordseite von Westen: Grablegung Jesu, Veronika reicht Jesus das Schweißtuch, Dornenkrönung, Jesus vor dem Hohenpriester; Südseite von Westen: Jesus am Kreuz, Ecce homo, Geißelung Christi, Jesus am Ölberg).

Orgel. Auf der Orgelempore, die auf selber Höhe liegt wie die Langhaus-Abseitenemporen, kann man eine vergoldete Halbfigur der hl. Cäcilie, umschwirrt von zwei ebenfalls vergoldeten Putten, bewundern, dazu zwei herrliche, große Stuck-Engel, die über dem mittleren Kirchenwestfenster einen Stuck-Vorhang beiseiteziehen. Die Orgel ist erst im Jahre 1958 von der Firma Reiser, Biberach, nach Plänen von Dr. Supper, Esslingen, erbaut worden. In den beiden Räumen zu seiten der Orgelempore Grisaillebildnisse von 48 Zwiefaltener Äbten, in der Hauptsache gemalt von dem Tiroler Künstler Johann Jüngling, um 1615.

Vorhalle. Die von Franz Sigrist 1760 gemalten Deckenfresken der Vorhalle schildern, wie sich die bedrohte Menschheit an Maria und die Patrone Zwiefaltens wendet (Mitte), die Bestrafung des Tempelschänders Heliodor (rechts) und die Enthauptung der Königin Athalia (links). An der Vorhallen-Ostwand ein gewaltig großes spätgotisches Kruzifix (Triumphbogenkreuz des alten Münsters) von 1520, wahrscheinlich von Jörg Syrlin dem Jüngeren geschaffen.

Zwiefaltens Barockkirche ist ein Abbild des Reiches Gottes, des Himmlischen Jerusalem, in das man durch die Vermittlung der katholischen Kirche und ihrer Heiligen – allen voran Mariens und des Ordensstifters Benedikt – gelangen kann und wohin der Weg von Zwiefalten und anderen Gnadenstätten aus führt.

Die Kirchenfassade. Sie ist eine Meisterleistung Johann Michael Fischers und steht in der Fassadenreihe Dießen, Berg am Laim, Fürstenzell. Diese Zwiefaltener *Fassade* ist eine Überraschung für den Herannahenden, ein baukünstlerisches Barockerlebnis ersten Ranges. Abzuleiten ist sie von römischen Kirchenfassaden des 17. Jahrhunderts, vor allem wohl von jener von SS. Vincenzo e Anastasio, 1646–1650. Die Türme sind in Zwiefalten nicht an die Flanken der Fassade gestellt – sie stehen in den Winkeln von Querschiff und Chor, also östlich. Von ernstem Pathos erfüllt, großartig, gewaltig und monumental steigt die Zwiefaltener Fassade empor – eine Riesenplastik aus gewölbten Bauformen. Die Architektur hat den Primat; Dekor ist fast keiner aufgeboten. Und auch die Fassadenfarbe steht ganz im Gegensatz zum bunt-jubelnden Kirchen-Inneren: graue Kalktuffquader bieten sich den Blicken dar. Schon diese 45 m hohe und 30 m breite Fassade verrät, daß es sich in Zwiefalten um eine Abtei von ganz besonderem Range und ganz besonderem Einfluß gehandelt haben muß und daß wir eine Kirche von höchster Bedeutung vor uns haben. *Fürstlichkeit* strahlt von Zwiefaltens Fassade aus! Sie ist dreiachsig. Während sich ihre beiden Flanken-Achsen konkav zurückmulden, schwingt die Mittelachse konvex vor. Die Folge der Achsen ist also konkav – konvex – konkav, wie im Untergeschoß der 1662 vollendeten Fassade von Borrominis S. Carlo alle Quattro Fontane in Rom. Auf mächtig hohem Sockel reiht sich zu Zwiefalten eine wuchtige Großordnung von Stützen mit korinthischen Kapitellen: je zwei einzelne Pilaster an den Flankenachsen, zwei Paare glatter, gewaltiger Säulen an den Rändern der Mittelachse – Vorankündigung der Säulenpaare im Innern. Derjenige Pilaster der Flankenteile, der jeweils neben einem der beiden Säulenpaare steht, tritt mit dem jeweiligen Säulenpaar zu einer Dreiergruppe zusammen. Kon-

Der Tabernakel des Hochaltars und sein von köstlichen Putten bevölkerter Aufbau

kav geschwungene Mauerflächen markieren die Krümmungen der beiden Seitenachsen dieser Fassade. Der Konvexschwung der Mittelachse aber ist in zwei hintereinander gelegene Schichten getrennt. Die vordere dieser Schichten besteht aus den mächtigen Säulen – es handelt sich um Vollsäulen – und hat in der Mitte einen Einbruch aufzuweisen (d. h. dort, in der Mitte, gibt es die vordere Schicht, den Kranz der Säulen, nicht). Durch den Einbruch kommt die hintere, die tatsächliche Wandschicht der Mittelachse der Fassade zum Vorschein, wobei diese Wandschicht an den Seitenteilen der Fassaden-Mittelachse die großen freistehenden Säulen (also die vordere Schicht dieser Achse) hinterfängt und mit Wandpilastern hinterlegt. Zwischen den riesigen Säulenpaaren eingemuldet das Hauptportal mit St. Benedikt in einer Nische und einem Putto mit Regelbuch und einem anderen Putto mit zersprungenem Giftbecher, dem Raben und der Mitra. Die die Portalbekrönung tragenden Hermen-Putten betonen die Funktion des Tragens ganz besonders. Diese Steinskulpturen – und die anderen der Zwiefaltener Fassade – stammen laut dem Baubericht des Fraters Otmar Baumann von Joseph Christian. Das erwähnte, in der Mittelachse gelegene Hauptportal durchbricht gleich den beiden Portalen der Seitenachsen die gewaltige Sockelzone, ist aber höher als diese. Über dem Hauptportal ein großes Rundbogenfenster. Über den Portalen der Seitenachsen der Fassade erscheinen Ochsenaugenfenster, und über den letzteren zeigen sich ebenfalls Rundbogenfenster. Klar und diszipliniert sind diese Mauerdurchbrechungen angeordnet. Über den Säulenpaaren und Pilastern ein schweres, breites Gebälk mit einem unten offenen, verkröpften Dreiecksgiebel. Dieser Dreiecksgiebel umfängt eine Kartusche mit der Inschrift: „D(eo) O(ptimo) M(aximo) / Mariae / Virgini Deiparae / Divisque / Tutelaribus / Zwiefulda servata / D(edit) D(onavit) D(edicavit)“ – D. i.: „Dem besten und größten Gott, Maria, der jungfräulichen Gottesmutter und den erlauchten Schutzherren hat Zwiefalten, das behütete, (dieses Gotteshaus) gegeben, geschenkt und geweiht“. Auf dem genannten Dreiecksgiebel knien die Figuren der beiden Stifter Zwiefaltens, der Grafen Kuno und Luithold von der Achalm in Verehrung vor der Muttergottes in der Nische des mächtigen, gekurvten Volutengiebels. Darüber erstrahlt das Kreuzeszeichen. Auf den äußeren Eckvoluten stehen die Figuren von St. Stephan und St. Aurelius. Von 1969 bis 1976 mußten wegen Witterungsschäden mehrere Figuren dieser Fassade durch Kopien, die der Tübinger Bildhauer Gerhard Halbritter schuf, ersetzt werden: die 2 Putten, die das Hochkreuz flankieren; die Figur des hl. Stephanus und des Puttos mit den Steinen; die Figur des hl. Aurelius und die des blinden Kindes; endlich die Gestalten der Stifter Luithold und Kuno. Diese Kopien bestehen aus rotem Seedorfer Buntsandstein. 1906/07 befreite man die ganze Fassade von einer (blauen) Tünche. Die jüngst erfolgte Tönung der beiden Türme und Seitenfronten in Milchweiß und das Belassen der Fassade in Haustein ist umstritten. Den mauerumzogenen Platz vor der Fassade, den man durch einen Torbau (das St. Peterstor) betritt und den ein rauschendes Bächlein, die aus Wimsen kommende Aach, durchzieht, hat man 1964 zu einem Ort vornehmer, einladender, schmucker und stiller Idyllik gestaltet. Die anderen Außenmauern der Kirche werden von auf Hausteinsockeln stehenden toskanischen Pilastern umzogen. Ein riesenhaftes Satteldach behütet die Arche Gottes. 1979 hat die Kirche unter H. H. Dekan Alois Gueter ein herrliches neues Geläute, bestehend aus elf Glocken, bekommen. Möge es immer den Frieden künden!

Würdigung. Diesen großen Monumentalbau und -raum der ehemaligen Reichsabteikirche, des „Münsters“ von Zwiefalten durchgegliedert, ihn mit der deutlich sichtbaren Sicherheit mathematischer Verhältniswerte erfüllt zu haben, ist das Verdienst des großen Barockbaumeisters Johann Michael Fischer. Fischer steht in der Tradition mittelalterlich-romanischer Großbauten sowie in der der Vorarlberger Barockbaumeister – die ihrerseits auf St. Michael in München (1583–1597) fußen –, und er bringt eigene Ideen. Die repräsentative, prunkvolle Dekoration und Ausstattung hält der klaren Architektur in jeder Beziehung die Waage und ergänzt dieselbe durch scheinbar regellose Vielfalt, durch Farbenfreude und rauschenden spätbarocken Jubel. Die Architektur Zwiefaltens ist ein Grandioso, die Dekoration (einschließlich der Ausstattung) bietet ein Furioso, die Fassade – zur Architektur gehörend, aber für sich zu betrachten – wiederum ist ein Maestoso. Immer wieder zieht es Menschen nach Zwiefalten – wie etwa auch Altbundespräsident Prof. Heuss –, die sich im Zwiefaltener Gotteshaus sicher und geborgen fühlen und die immer wieder, angeregt durch die hier waltende, hohe Kunst, mitjubeln zur Herrin dieses Hauses – zu Maria, der „Königin aller Heiligen“.

Spätgotisches Kruzifix in der Vorhalle, 1520, einst Triumphbogenkreuz des romanischen Münsters ▷

INRI

Der Kirchenschatz

Bei der Säkularisation wurde der größte Teil des einzigartigen, äußerst kostbaren Zwiefaltener Kirchenschatzes weggebracht und z.T. eingeschmolzen. In Zwiefalten verblieben ein Vortragekreuz, eine Kreuztafel (Paxtafel), die rechte Hand des hl. Erzmärtyrers Stephanus und einige Meßkelche.

Das Vortragekreuz oder Prozessionskreuz, entstanden um 1120, ist sehr wertvoll sowohl im Hinblick auf den Glauben als auch auf die Kunst. Es gehört zu den schönsten Erzeugnissen der romanischen Plastik. Dieses kostbare Kleinod enthält einen Splitter vom Kreuz Christi, den Otto von Steißlingen zu Beginn des 12. Jahrhunderts (1122) vom Patriarchen Warmund von Jerusalem mitgebracht und dem Kloster Zwiefalten bei seinem Eintritt als Mönch vermacht hat.

Das Kreuz ist 52 cm hoch und 43 cm breit. An den vier Enden und am Kreuzungspunkt der Balken ist es jeweils viereckig erweitert und mit 24 Bergkristallen besetzt. In der Mitte ist in eine runde Öffnung die mit Golddraht umwundene Kreuzreliquie eingearbeitet. Unter den großen Kristallen an den Enden sollen nach Überlieferungen Blut- und Zahnreliquien verborgen sein: unten Reliquien von Andreas und Bartholomäus, seitlich von Petrus und Paulus sowie von Jakobus (lt. Busch: Joh. d.T.) und Philippus. Oben ist die Inschrift „LAC B. V. MARIAE“ angebracht. Die Oberfläche des Kreuzes ist mit Goldblech beschlagen. Der Leib Christi ist ca. 19 cm lang, aus Silber geformt und ohne Dornenkrone belassen. Die Beine Christi sind nebeneinander auf eine kleine Konsole gestellt. Die Hände sind mit goldenen Nägeln genagelt. Die Kreuzarme sind mit getriebenen Ranken eingefaßt, die viereckigen Ausbauchungen mit Blattwerk ausgefüllt. An den Seitenflächen der Balken zeigen sich sehr beachtenswerte getriebene Relief-Zierbildchen, die teils Motive aus dem Tierkreis bringen. Ein Teil dieser Bildchen wurde bei einer Wiederherstellung entfernt und durch Rosetten ersetzt. Oben sind zwei Menschen dargestellt, die liegend einen Fisch zwischen sich halten, links, von oben nach unten, drei Rosetten und eine Ranke; am Kreuzarm zwei Füchse, zwei Wildschweine, zwei Hähne, mehrere Rosetten; am Stamm zwei Stiere, zwei Skorpione, der Krebs, zwei Drachen; rechts von unten nach oben: zwei Löwen, eine Ranke mit Menschenkopf, ein von einem Hund verfolgter Hase; am Kreuzarm mehrere Rosetten, zwei Löwen; endlich Ranken und drei Rosetten. Die Rückseite des Kreuzes ist modern und mit reicher Ziselierarbeit ausgestattet.

Das hochwertvolle romanische Vortragekreuz

Die Kreuztafel bzw. der Kreuzpartikel. Dieser kostbare Kreuzpartikel ist 1102 von Bertold von Sperberseck, der den Herzog Friedrich von Schwaben als Fahnenträger auf dem 1. Kreuzzug begleitet hatte, von Jerusalem bzw. Joppe nach Zwiefalten mitgebracht worden. Gefaßt wurde die Reliquie vor 1138.

Der Kreuzpartikel erscheint in einer länglichen, mit edlem Metall überzogenen Eichenholztafel. Durch Ausschneiden der vier Ecken wurde diese Tafel der Kreuzesform angenähert. In der Mitte der Tafel zeigt sich eine hochrechteckige, mit Glas verschlossene Vertiefung für die Kreuzreliquie. Diese Reliquie befindet sich in einem Doppelkreuz aus reinem Gold, welches an den Enden vier Edelsteine aufzuweisen hat. Das Kreuz ist ca. 7 cm hoch, der längere Querbalken ca. 3 cm, der kürzere 1,7 cm lang. Die Tafel ist vorne mit Goldblech, hinten mit einem bleiartigen (?) Schutz überzogen. Die Vorderseite bietet je drei vierfache Streifen an jeder Seite der mit der Kreuzreliquie besetzten Vertiefung. Der innere Streifen fungiert als Rahmung der Vertiefung, ist schmal und besteht aus mattem Gold, das Filigranranken zeigt. Der mittlere Streifen ist aus

Die Kreuztafel mit dem kostbaren Kreuzpartikel

Die rechte Hand des hl. Erzmärtyrers Stephanus

Glanzgold geformt und mit Blattranken geschmückt (moderne Wiederherstellung?). Der äußere Streifen besteht wieder aus Mattgold mit Filigranranken. Im äußeren und inneren Streifen sind Einlagen von einer größeren Anzahl von Edelsteinen, Gemmen und Emaillen. Der äußere Streifen wirkt wie ein umlaufendes, an den Ecken nach einwärts verkröpftes Band. Die Edelsteine sind hier nach den Farben Rot, Weiß, Grün, Dunkelblau verteilt. Drei Steine sind antike Gemmen, auf denen ein Krieger, eine Athene (Minerva) und ein Heros dargestellt sind. Je ein Emailletäfelchen ist oben, unten und an den beiden Seiten des äußeren Streifens jeweils in der Mitte eingelassen. Das obere dieser Täfelchen zeigt das Haupt Christi, die beiden seitlichen bringen je eine offene Hand des Heilands, das untere führt uns die Füße Christi (immer mit den Wundmalen) vor Augen, so daß wir dazu angeregt werden, uns den übrigen Leib des Herrn in unserer Vorstellung selbst zu ergänzen. Fuß und Aufsatz der Tafel wurden 1624 von einem Augsburger Goldschmied in Silber gefertigt. Sie sind feuervergoldet. Das Reliquiar ist ca. 36 cm hoch und 21 cm breit.

Einst hat das Kleinod wohl als Paxtafel gedient. Das aber ist ein liturgisches Gerät. Solche Tafeln dienten seit dem 14. Jahrhundert zur Erteilung des Friedenskusses statt der heute üblichen Umarmung. Sie waren im Gebrauch im Dominikanerritus bei Hochämtern, beim Konventamt der Benediktiner, auch bei römischen Pontifikalämtern für die im Chor anwesenden Geistlichen und höheren männlichen Laien.

Die Hand des hl. Stephanus ist eine der bedeutendsten Reliquien der katholischen Christenheit. Praylius, Bischof von Jerusalem, ließ auf Bitten der Aelia Pulcheria, der ältesten Tochter des Kaisers Arcadius (395–408) und Mitregentin ihres jüngeren

Einer der beiden großen Stuck-Engel des mittleren Westfensters

Bruders Theodosius II. (408–450), die rechte Hand des hl. Erzmärtyrers Stephanus nach Konstantinopel bringen. Die Reliquie blieb dann mehr als 600 Jahre dort, bis unter Kaiser Alexius Comnemus I. (1081–1118) die Tochter eines Griechenfürsten den König der Ruthenen, Jaroslaw, heiratete, ihm nach Kiew folgte und als Mitgift u. a. die Hand des hl. Stephanus erhielt. Das Kind, das dieser Ehe entsproß, sollte über einen Vermittler einen polnischen Machthaber heiraten, aber der Vermittler, Patricius, ehelichte selbst die Braut, unter deren Mitgift sich auch die Hand des hl. Stephanus befand. Patricius mußte für diese und andere Treulosigkeiten auf Anordnung des Papstes Paschalis II. einen Teil seines Vermögens abgeben. Dem Herzog Boleslaw III. von Polen überließ er die Stephanus-Reliquie. (Es gibt verschiedene Darlegungen und Auslegungen dieses ganzen geschichtlichen Hergangs.) Als der Herzog gestorben war, bat dessen Witwe Salome, geb. Gräfin von Berg, die Abtei Zwiefalten um Rat in schwieriger Lage, und es wurden 1140 aus Zwiefalten zu ihr ihr früherer Lehrer, der Mönch Otto von Steißlingen, der Priester Ortlieb und der Laienbruder Gerundus gesandt. Diese brachten bei ihrer Rückkehr am 1. April 1141 neben anderen Reliquien als Geschenk der Herzogin Salome die rechte Hand des hl. Stephanus mit ins Kloster. An dieser Hand fehlte der Daumen, den der erwähnte Griechenfürst oder Kaiser Alexius hatte abnehmen lassen. Er soll sich jetzt in Cluny befinden. – Erzherzog Matthias, der nachmalige Kaiser von Österreich, besuchte am 27. 8. 1596 die Abtei Zwiefalten. Für ihn wurde der Goldfinger von der Hand-Reliquie abgeschnitten und nach Wien (Kapuzinerkirche) gegeben. Zwiefaltens Abt Georg III. Rauch (od. Rauh), unter dem diese Nachlässigkeit geschah, wurde wegen derselben von Kardinalbischof Andreas von Konstanz seines Amtes enthoben. Erst 1779 schickte Maria Theresia den Finger nach Zwiefalten zurück, wo er wieder an der Hand befestigt wurde.

1624 ließ Abt Michael Müller (Molitor) von Zwiefalten für die Hand des hl. Stephanus von einem Augsburger Meister ein silbernes, feuervergoldetes Gefäß und eine Kapsel aus Gold, besetzt mit Edelsteinen, anfertigen, die aber abhanden gekommen ist. Das Gefäß ist rund, 36 cm hoch und hat einen Durchmesser von 13 cm. Es besitzt einen massiven Fuß, einen hohen Glaszylinder und oben einen Baldachin, den drei feine, schmale Metall-Stege bzw. -Streben tragen, die vom Fuß aufsteigen und sich an die Außenseite des Glaszylinders legen. In diesem Zylinder steht heute die Hand aufrecht, umgeben von einem leichten Schleier.

Aus dem alten Kirchenschatz ist noch eine kleine Zahl von kostbaren **Meßkelchen** erwähnenswert.

Das neue Geläute

Es wurde unter H. H. Dekan Alois Gueter von Zwiefalten angeschafft, gegossen in der Glockengießerei Bachert zu Heilbronn. Die Weihe vollzog am Samstag, dem 22. September 1979, Seine Exzellenz, Bischof Dr. Georg Moser von Rottenburg-Neckar/Stuttgart. Die Glocken im einzelnen: Dreifaltigkeitsglocke, Ton A°, ca. 4170 kg – Christusglocke, Ton H°, ca. 3000 kg – Glocke Maria, Mutter der Kirche, Ton d', 1700 kg – St. Michaelsglocke, Ton E', ca. 1056 kg – St. Benedictusglocke, Ton Fis', ca. 820 kg – St. Stefanusglocke, Ton G', ca. 670 kg – St. Ernestusglocke, Ton A', ca. 470 kg – Glocke St. Nicolaus v. der Flüe, Ton H', ca. 320 kg – St. Aureliusglocke, Ton C'', ca. 360 kg – St. Martinusglocke, Ton D'', ca. 300 kg – Adolf-Kolping-Glocke, Inschrift: Pro Familia pro Ecclesia pro Germania et Europa pro Laetitia, Ton E'', ca. 195 kg.

Die Liste der 48 Zwiefaltener Äbte

Wezilo, Prior 1089–1091. Wurde 1091 nach Hirsau zurückberufen und zum ersten Abt des neugegründeten Klosters St. Paul im Lavanttal (Kärnten) bestimmt

1. *Nogger, erster Abt, 1091–1095.* Unter ihm wurde der Bau der romanischen (= ersten) Abteikirche begonnen. 1093 päpstliche Bestätigung der Abtei Zwiefalten
2. *Ulrich I. von Hirzbühl, 1095–1139.* Während seiner Regierungszeit erfolgte am 13. September 1109 die Einweihung der romanischen Abteikirche
3. *Pilgrin (oder Peregrin), 1139*
4. *Berthold I., Edler von Grüningen, 1139–1141.* Dann nochmals Abt von 1146–1152, und nochmals von 1158–1169
5. *Ernst (Ernest), Edler von Steißlingen, 1141–1146.* Er legte 1146 die Abtswürde nieder und schloß sich dem zweiten Kreuzzug an, auf dem er am 7. November 1148 in Mekka oder in der Nähe von Laodizäa (Türkei) durch Abziehen der Haut und Herauswindung der Gedärme den Märtyrertod erlitt. Wird als Heiliger und Seliger verehrt
6. *Werner (Werno) I., 1152–1156*
7. *Gottfried, Graf von Calw, 1156–1158*
8. *Konrad I., aus unbekannter Familie, 1169–1193*
9. *Werner II., aus unbekannter Familie, 1193–1196*
10. *Hermann, aus der Familie der Bossonen, 1196–1208. – 1208–1209* drängte sich Konrad – als Konrad II., –, Bruder von Hermann, als unrechtmäßiger Abt auf
11. *Konrad II. (III.), vielleicht aus der Familie der Bossonen, 1209–1217*
12. *Heinrich von Hausen, 1217–1218*
13. *Luithold I., aus unbekannter Familie, 1219–1232*
14. *Reinhard, 1232–1234.* Dann nochmals Abt von 1251–1253
15. *Friedrich, aus der Familie der Bossonen, 1234–1239*
16. *Luithold II. Arnold, 1239–1244*
17. *Werner III., aus unbekannter Familie, 1244–1250*
18. *Konrad III. (IV.), Graf von Montfort und Gamertingen, 1250–1251*
19. *Berthold II., Edler von Wildeck, 1253–1259 (od. 1260)*
20. *Petrus, Edler von Pflummern, 1259 (od. 1260)–1267*
21. *Ulrich II., aus unbekannter Familie, 1267–1282*
22. *Eberhard von Stein, 1282–1327*
23. *Ulrich III., Edler von Hasenweiler, 1327–1336*
24. *Walter Knebel, 1336–1346*
25. *Johannes I., Edler von Dischingen, 1346–1366*
26. *Anselm, Baron von Ehrenfels, 1366–1383*
27. *Konrad IV (V.), Herr von Stein, 1383–1393*
28. *Johannes II. Ruperti, 1393–1398*
29. *Wolfhard, Herr von Stein, 1398–1421*
30. *Georg I. Eger, 1421–1436*
31. *Johannes III., Herr von Stein, 1436–1474.* Der erste infulierte Abt Zwiefaltens (seit 1459)
32. *Georg II. Fischer (Piscatoris), 1474–1514;* resigniert 1515
33. *Sebastian Müller (Molitor),* zuerst Administrator, von 1515–1538 Abt, dann nochmals Abt von 1549–1555
34. *Nikolaus I. Buchner, Doktor, 1538–1549.* Dann nochmals Abt von 1555–1567
35. *Johannes IV. Lager; seit 1561 Koadjutor; 1567–1577 Abt*
36. *Georg III. Rauch (od. Rauh), 1578–1598*
37. *Michael Müller (Molitor), 1598–1628*
38. *Balthasar Mader, 1628–1635*
39. *Ulrich IV. Gleuz, 1636–1658*
40. *Christophorus Raßler, 1658–1675.* Unter ihm wurden 1668 die frühbarocken Klostergebäude begonnen
41. *Johann Martin Gleuz, 1675–1692.* Vollendete die gen. Klostergebäude
42. *Ulrich V. Rothhäusler, 1692–1699*

43. *Wolfgang Schmid, 1699–1715*
44. *Beda Sommerberger, 1715–1725*
45. *Augustin Stegmüller, 1725–1744.* Geb. 13. Dez. 1666 zu Gundelfingen, gest. 22. Mai 1744. Initiator und Bauherr der barocken Abteikirche. Abt Stegmüller sieht auf dem Bild auf der Orgelempore zu Zwiefalten aus wie ein Mann, der weiß, was er will: wie ein erfolggewohnter, nüchtern rechnender, auch nach gehabtem Erfolg ein fernes, großes Ziel ansteuernder Bankier oder Handelsherr der Wein- oder Tuchbranche. Dieser Mann muß unbeugsam gewesen sein. Welch eine Weltklugheit spricht aus seinen Blicken! Aber auch – welch ein Ruhen in Gott!
46. *Benedikt Mauz, 1744–1765.* Geb. 7. April 1690 zu Radolfzell, gest. 18. Juli 1765. Vollender und Ausgestalter der barocken Abteikirche. Ein Mann von großer Geisteskraft. Erkaufte in der Zeit vom 13. bis 30. April 1750 von Württemberg der Abtei die volle Reichsunmittelbarkeit
47. *Nikolaus II. Schmidler, 1765–1787.* Geboren in Bad Waldsee. Zu seiner Zeit erfolgte am 1. September 1765 die Weihe der barocken Abteikirche
48. *Gregorius Weinemer, 1787–1802 (1803),* der letzte Abt von Zwiefalten. Er erlebte die Säkularisation des Klosters und verstarb am 27. Februar 1816 zu Mochental

Die kath. Pfarrherren von Zwiefalten seit der Säkularisation

Januarius Brauchle, 1805–1830, Pfr.
Franz Xaver Schöninger, 1832–1836, Pfr. u. Dekan
Adam Dürr, 1838–1845, Pfr. u. Dekan
Franz Josef Köhler, 1846–1861, Pfr. u. Dekan
Franz Josef Utz, 1862–1865, Pfr.
Anton Arnold, 1865–1883, Pfr. u. Dekan
Hermann Stiegele, 1885–1889, Pfr.
Max Baumann, 1890–1904, Pfr.
Bernardus Schurr, 1905–1918, Pfr.; bekannt als Verfasser des Buches „Das alte und neue Münster in Zwiefalten", Ulm 1910 (vergriffen)
Benedikt Welte, 1919–1949, Pfr. u. Dekan
Anton Barth, 1949–1971, Geistl. Rat, Pfr.
Alois Gueter, 1971–1986, Pfr. u. Dekan
Anton Schirmer, Monsignore, seit 1986, Pfr. u. Dekan

Literatur

(besonders zur Barockkirche)

Zeitgenössische Quellen zum Bau der Barockkirche: Baubericht („Baubeschrieb") von Frater Otmar (Othmar, Ottmar) Baumann, endigend 1765, Ms., Hauptstaatsarchiv Stuttgart. – Konzeptfragmente (Programmfragmente), aufbewahrt im Hauptstaatsarchiv Stuttgart, Bestand B 551, Büschel 26.

Pfaff, K., Die Geschichte des Klosters Zwiefalten. In: Württemberg. Jahrbücher, 1851. – Holzherr, Karl, Geschichte der ehem. Benediktiner- und Reichsabtei Zwiefalten in Oberschwaben. Stuttgart, 1887. – Paulus, E., Das alte und das neue Münster in Zwiefalten. In: Württembergische Vierteljahrhefte für Landesgeschichte, XI (–XII), 1888 (–1889). Mit Abdruck des Bauberichts von Frater Otmar Baumann. – Kick, Wilhelm, und Pfeiffer, Bertold, Barock, Rokoko und Louis XVI. aus Schwaben und der Schweiz. Stuttgart, o.J. (1907) zuvor 1897. – Schurr, Bernardus, Das alte und neue Münster in Zwiefalten. Ulm, 1910. Mit Abdruck des Bauberichts von Frater Otmar Baumann. – Gradmann, Eugen, Einige Baurisse vom Zwiefalter Münster. Festschrift zur Feier des fünfzigjährigen Bestehens der K. Altertümersammlung in Stuttgart, 1912. – Oberamtsbeschreibung Münsingen. 1912. – Wackernagel, Martin, Baukunst des 17. und 18. Jahrhunderts in den germanischen Ländern. Aus der Reihe Burger-Brinckmanns Handbuch der Kunstwissenschaft. Berlin-Neubabelsberg, 1915, 1921; 4. Auflage o.J. (ca. 1932). – Hauttmann, Max, Geschichte der kirchlichen Baukunst in Bayern, Schwaben und Franken 1550–1770. München, 1921, 2. Auflage 1923. – Feulner, Adolf, Johann Michael Fischer. Ein bürgerlicher Baumeister der Rokokozeit. Wien, 1922. – Feulner, Adolf, Bayerisches Rokoko. München,

1923. – Dehio, Georg, Handbuch der deutschen Kunstdenkmäler, a) 3. Band Süddeutschland, 3. Auflage Berlin, 1925, b) Baden-Württemberg, bearbeitet von Friedrich Piel. München, 1964. – Welte, Benedikt, Das Münster in Zwiefalten, o.J. (ca. 1925?). – Michalski, Ernst, Joseph Christian. Ein Beitrag zum Begriff des deutschen Rokoko. Leipzig, o.J. (1926). – Die Kunst- und Altertums-Denkmale in Württemberg IV, 75./80. Lieferung: Donaukreis, 3. Band, Oberamt Münsingen (Ernst Fiechter und J. Baum). Esslingen a.N., 1926. – Fiechter, Ernst, Zwiefalten. Deutscher Kunstführer, herausgegeben von Adolf Feulner, Band 12. Augsburg, 1927. – Feulner, Adolf, Skulptur und Malerei des 17. und 18. Jahrhunderts in Deutschland. Aus der Reihe Burger-Brinckmanns Handbuch der Kunstwissenschaft. Potsdam, 1929. – Ginter, Hermann, Südwestdeutsche Kirchenmalerei des Barock. Die Konstanzer und Freiburger Meister des 18. Jahrhunderts. Augsburg, 1930. – Lieb, Norbert, Die Feichtmayr-Christian-Frage in Ottobeuren. Zeitschrift für bayerische Landesgeschichte, Jg. IV, 1931. – Heilbronner, Paul, Studien über Johann Michael Fischer. Diss. München, 1933. – Petri, Erika, Johann Michael Feichtmayr. Ein Beitrag zur Geschichte des deutschen Rokoko. München, 1935. – Schnell, Hugo, Der bayerische Barock. München, 1936. – Lemperle, Hermann, Oberschwäbische Klosteranlagen der Barockzeit und ihre Beziehung zur Landschaft. Frankfurter Diss. Gütersloh, 1937. – Hager, Werner, Die Bauten des deutschen Barock 1690–1770. Jena, 1942. – Kauffmann, F. A., Kirchen und Klöster des oberschwäbischen Barocks. Freiburg i. Brg., 1949. – Ernst, Harro, Der Raum bei Johann Michael Fischer. Diss, München, 1950. – Tintelnot, Hans, Die barocke Freskomalerei in Deutschland, ihre Entwicklung und europäische Wirkung. München, 1951. – Pohl, Eva, Leben und Werk des „Historien- und Freskomahlers“ Franz Joseph Spiegler. Phil. Diss. Bonn, 1952. – Lieb, Norbert, Barockkirchen zwischen Donau und Alpen. München, 1953. 5. Aufl. 1984. – Schreyer, Lothar, Ein Jahrtausend deutscher Kunst. Hamburg, 1954. – Ehem. Klosterkirche Zwiefalten. Kleiner Kirchenführer, herausgegeben vom Kath. Pfarramt Zwiefalten. Urach, o.J. (vor 1955). – Freiermuth, Otmar, Die Wandpfeilerhallen im Werke des Johann Michael Fischer. In: Das Münster, 8. Jahrgang, 1955. – Koepf, Hans, Deutsche Baukunst. Bauzeitung Stuttgart, 1956. – Reclams Kunstführer Bd. II. Baden-Württemberg, Saarland, bearbeitet von Herbert Brunner. Stuttgart, 1957, 1979. – Woeckel, Gerhard, Johann Joseph Christian von Riedlingen, ein oberschwäbischer Bildhauer des Rokoko. Lindau und Konstanz, 1958. – Rupprecht, Bernhard, Die bayerische Rokoko-Kirche. Münchener Historische Studien / Abteilung Bayerische Geschichte, herausgegeben von Max Spindler, Band 5. Kallmünz / Opf., 1959. – Huber, Rudolf, Joseph Christian, der Bildhauer des schwäbischen Rokoko. Tübingen, 1960. – Kunstmann, J., Ewige Kinder. Ettal, 1962. – Kreuzer, Ernst, Zwiefalten. Forschungen zum Programm einer oberschwäbischen Benediktinerkirche um 1750. Diss. masch. Berlin, 1964. – Schindler, Herbert, Barockreisen in Schwaben und Altbayern. München, 1964. – Bauer, Hermann, Der Himmel im Rokoko. Regensburg, 1965. – Koepf, Hans, Schwäbische Kunstgeschichte. Bd. 4. Konstanz, 1965. – Charpentrat, Pierre, Barock, Bd. I in der Reihe „Weltkulturen und Baukunst“. Fribourg, 1964; deutsche Ausgabe München, 1966. – Sutermeister, Peter, Barocke Welt. Bern und Stuttgart, 1966. – Bushart, Bruno, Deutsche Malerei des 17. und 18. Jahrhunderts. Zwei Teile. Königstein im Taunus, 1967. – Zürcher, Richard, Zwiefalten. Ein Gesamtkunstwerk des süddeutschen Rokoko. Konstanz (jetzt Sigmaringen), 1967. – Hager, Werner, Barock-Architektur. Baden-Baden, 1968. 2. Auflage 1979. – Schömig, Karl Heinz, Abteikirche Zwiefalten. Offizieller Kirchenführer in Zwiefalten. Dettingen/Erms, 1971. 8. Auflage Regensburg, 1984. – Schömig, Karl Heinz, Ehem. Abteikirche Zwiefalten. Faltblattführer (Prospekt). Ottobeuren, 1974. 2. Auflage Tübingen, o.J. (1980). – Busch, P. OSB, Sankt Anno, 1975. – Schömig, Karl Heinz, Franz Joseph Spiegler, der Freskant von Zwiefalten. Sein Leben und sein Werk. Regensburg, 1975. 2. Auflage Regensburg, 1976. – Spahr, P. Gebhard, Oberschwäbische Barockstraße, Band I, Ulm bis Tettnang. Waldbad-Baienfurt (jetzt Weingarten), 1977. – Ingenhoff, H. D., Das Zwiefaltener Münster. Neue Forschungsergebnisse. In: Denkmalpflege in Baden-Württemberg, 7. Stuttgart, 1978. – Kath. Münsterpfarramt Zwiefalten, Dekan Alois Gueter (Herausgeber), Festschrift zur Weihe der Münsterglocken in Zwiefalten am 22. September 1979. Tübingen, 1979. – Lieb, Norbert (und von der Mülbe, Wolf-Christian), Johann Michael Fischer. Baumeister und Raumschöpfer im späten Barock Süddeutschlands. Regensburg, 1982. – Setzler, Wilfried, Kloster Zwiefalten. Sigmaringen, 1979. – Ingenhoff, Hans Dieter, Die Münsterkirche in Zwiefalten. Beobachtungen am barocken Gesamtkunstwerk. In: Pantheon III (1982), 201–210. – Gueter, Alois, Dekan, Benediktinisches Marienlob im Münster U. L. F. von Zwiefalten, 3 Bände. Tübingen, 1983. – Schindler, Herbert, Chorgestühle. In: Keysers kleine Kulturgeschichte. München, 1983. – Prospekt zur Renovierungsfeier des Münsters Zwiefalten am 21. 10. 1984. – Zwiefalten. Münsterrestaurierung 1974–1984. Festschrift der Staatl. Hochbauverwaltung Baden-Württemberg. Reutlingen, 1984. – Das Spiel mit dem schönen Schein. Sonderdruck des Reutlinger General-Anzeigers zum Abschluß der ... Renovierung des Münsters ... Zwiefalten am 21. Oktober 1984. – Die Illusion des Materials. Sonderdruck der Stuttgarter Zeitung zum Abschluß der Münsterrenovierung, Zwiefalten. 20. Oktober 1984. – Schömig, Karl Heinz, Münster Zwiefalten. Offizieller Kirchenführer in Zwiefalten. Tübingen, 1985. – Kramarczyk, Ludwig (und von der Mülbe, Wolf-Christian), Kunst-Landschaft Oberschwaben. Würzburg, 1986. – Pretsch, Hermann Josef, Die Kontakte des Benediktiner-Doppelklosters in Zwiefalten mit Hildegard von Bingen und Abt Bertholds Konflikt mit seinem Konvent. In: Archiv für mittelrheinische Kirchengeschichte 38, 1986. – Eiselen, Gerhard, Die Glocken des Münsters in Zwiefalten. In: Arbeitsheft 30 des Bayer. Landesamtes für Denkmalpflege, 1986. – Vereinigung von Freunden der Geschichte Zwiefaltens, seines Münsters und Klosters e. V., Redaktion Hermann Pretsch, Kloster Zwiefalten. Ulm, 1986. – Beck, Otto/Buck, Ingeborg Maria, Oberschwäbische Barockstraße, Große Kunstführer Nr. 148, 1987. – Schnell, Hugo/Schedler Uta, Lexikon der Wessobrunner, München–Zürich 1988.

Schematischer Lageplan

(ohne Berücksichtigung der Proportionen)

Hochaltar

Bild: Maria in der göttlichen Gnade, von Franz Joseph Spiegler, 1753. Figuren am Bild: Gabriel (erhöht) und Matthäus. Seitenfiguren: Ecclesia und Synagoge, beide von Joseph Christian, aus Holz, 1754

Deckenfresko des Hochaltarraums

von Franz Joseph Spiegler, 1747: Maria überreicht dem hl. Ildephons die Meßgewänder. Seitlich die Grabmäler für die Stifter des Klosters, die Grafen Kuno und Luithold von der Achalm und für Abt Ulrich V.

Coemeterium

Sakristei

Deckenfresko des Mönchschors

von Franz Joseph Spiegler, 1748: Martertod des hl. Placidus und seiner Gefährten

Chorgestühl

an beiden Seiten des Mönchschors aufgestellt. Besteht aus Nußbaumholz. Bildhauerarbeiten von Joseph Christian, 1744–52; Schreinerarbeiten von Martin Hermann. 20 vergoldete Reliefs aus Lindenholz (von J. Christian) mit Szenen aus dem Leben Christi und seiner Mutter. – Mit dem Rücken zur Vierung: der Abtstuhl, von denselben Künstlern, mit einem weiteren Relief

Kreuzaltar

gefaßt von J. G. Meßner, 1756. Gnadenbild Unserer Lieben Frau, 1430; von J. Christian umgeändert. Chorgitter von J. Büssel, gefaßt von J. G. Meßner, 1751–57

Turm
82 m hoch

Turm
82 m hoch

Nördlicher Querarm

Rechter Altar: Figur: Johann von Nepomuk

Mittelaltar: Bild: Steinigung des hl. Stephan, von Giosuè Scotti
Figuren: hl. Sebastian und hl. Ernst, Abt von Zwiefalten, gest. 1148

Deckenfresko von Franz Joseph Spiegler: Aufnahme St. Stephans in den Himmel gemalt 1748

Linker Altar: Figur: hl. Wenzeslaus

Flachkuppel über der Vierung 28 m hoch

Fresko der Kuppel von Franz Joseph Spiegler, 1749: Krönung Mariens inmitten von mehr als 200 Heiligen. An den 4 Kuppelzwickeln: die 4 Erdteile (von Spiegler). Über den Vierungspfeilern die Stuckgruppen der 4 Elemente

Volksaltar (modern)

Südlicher Querarm

Linker Altar: Figur: Johannes der Täufer

Mittelaltar: Bild: Tod des hl. Benedikt, von Fz. Ldw. Hermann
Figuren: hl. Scholastika und hl. Gertrudis

Deckenfresko von Franz Joseph Spiegler: Aufnahme St. Benedikts in den Himmel gemalt 1748

Rechter Altar: Figur: hl. Martin

Kanzelpartie

Prophet Ezechiel — **Kanzel**

Links die Stuckfigur des Propheten Ezechiel. Über Ezechiel Gott Vater, umgeben von den 4 apokalypt. Wesen Adler, Stier, Löwe, Engel. Unter dem Propheten links ein Engel mit Brandfackel und Tempelplan Jerusalems, rechts die „Soldaten-Putti": König Nebukadnezar von Babylon mit Helm kämpft gegen eine Gestalt in Löwenhaut – den König Sedekias von Juda (ausgestattet mit Schwert und Stadtplan Jerusalems). Thema Untergang des Reiches Juda 586 v. Chr.

Rechts die Kanzel: hier das von Ezechiel in seiner Vision erschaute Totenfeld. Unten der verbotene Baum, die Schlange und der Engel mit dem Flammenschwert. Auf dem Schalldeckel Christus, ans Kreuz geschlagen, zwischen Moses und Johannes dem Täufer. Am Rande des Corpus erwecken die Gestalten von Glaube, Hoffnung und Liebe die Toten. Kein Ewiges Leben ohne Christi Opfertod!

Emporenfresko: St. Benedikt schreibt in Gegenwart Mariens seine Ordensregel – Kapellenfresko: Verheißung des Erlösers im Paradies – Altarbild: hl. Aurelius, von Nicolaus Guibal – Figuren: Der Glaube und Irrlehrer Arius

Emporenfresko: St. Benedikt erhält von Maria die sog. 5 Verheißungen – Kapellenfresko: Mariae Geburt – Altarbild: hl. Agnes, von Nicolaus Guibal – Figuren: Die Gottesliebe (mit dem Eroten-Putto) und ein Engel

Emporenfresko: Petrus Cölestinus, Ansgarius, Rupertus von Deutz und Hermann der Lahme – Kapellenfresko: Maria als Tempeljungfrau – Altarbild: hl. Joseph, von G. B. I. Columba – Figuren: hungernder Ägypter, Pharao

Emporenfresko: Maria als die Ärztin des Abtes Wilhelm von Hirsau; ein Putto zerschlägt die Sense des Todes – Kapellenfresko: Mariae Verkündigung – Altarbild: hl. Anna, von G. B. I. Columba – Figuren: König David mit der Harfe und ein Engel

Emporenfresko: Maria und das Kind an der Tafel bei Abt Hostradus und seinen Mönchen – Kapellenfresko: Mariae Vermählung – Altarbild: 14 Heilige Nothelfer, von Bartolomeo Scotti – Figuren: Pestkranker und Arzt

Haupt-Deckenfresko des Langhauses

von Franz Joseph Spiegler, 1751. Maria unser Leben, unsre Wonne und Hoffnung. Über ihr die Hlgste. Dreifaltigkeit. Von Maria geht ein Strahl aus auf ein Marienbild, von dem Bilde geht der Strahl zu St. Benedikt. Von St. Benedikt aus richten sich flackernde Tropfen auf die Schar der Heiligen und Ordensgründer. Ringsum Wallfahrtsorte Mariens: Genazzano, Einsiedeln, Altötting, Zwiefalten, Fourvière, Martinsberg. In seitlichen Kartuschen Darstellungen der Augenlust, Fleischeslust, Hoffart des Lebens und der wahren und falschen Kunst

Emporenfresko: Maria in der Studierstube des Mönches Andreas – Kapellenfresko: Mariae Heimsuchung – Altarbild: Martyrium des hl. Petrus, Kopie nach Rubens von Guibal – Figuren: Die Kirche (Ecclesia) und der Zauberer Simon

Emporenfresko: Bischof Fulbertus, krank darniederliegend, erhält Erquickung aus der Brust Mariens – Kapellenfresko: Mariae Reinigung im Tempel – Altarbild: Martyrium des hl. Mauritius, von Giosuè Scotti – Figuren: Der Glaube und hl. Mauritius

Deckenfresko der Empore über der Vorhalle

Das Salve Regina im Himmel und auf Erden, von Meinrad von Ow, 1764. Von ihm auch die Emporen- und Kapellenfresken des Langhauses, 1766

Emporenfresko: Maria ermutigt den Mönch Tutelo beim Malen eines Muttergottesbilds – Kapellenfresko: Mariens Himmelsaufnahme – Altarbild: Martyrium der hl. Ursula, von B. Scotti – Figuren: Christus als Bräutigam, Jungfrau mit brennender Lampe

Nebenräume

Deckenfresken der Vorhalle, von Franz Sigrist, 1760

Enthauptung der Königin Athalia	Die bedrohte Menschheit wendet sich an Maria und die Heiligen, insbesondere an die Patrone Zwiefaltens	Bestrafung des Tempelschänders Heliodor

Nebenräume